ALLES KLAR

Sietse van der Hoek

Alles klar

Nederland-Duitsland
van A tot Z

Uitgeverij Balans

Omslagontwerp Jan van Zomeren
Foto auteur David Finato
Boekverzorging Adriaan de Jonge
Druk Bariet, Steenwijk

ISBN 978 94 6003115 1
NUR 740

www.uitgeverijbalans.nl

facebook.com/uitgeverijbalans
twitter.com/balansboeken
instagram.com/uitgeverijbalans

Inhoud

1

Aha-Erlebnis

Op een van mijn laatste dagen in Berlijn nam ik, verdrietig gestemd omdat ik die stad moest verlaten, met mijn auto een bocht iets te ruim. Zodat ik een fietser niet eens hinderde, maar wel met mijn voorwiel het voor fietsers gemarkeerde weggedeelte overstak. Hij droeg een helm, zoals meer wielrijders in Berlijn, vooral kinderen – een opvallend fenomeen. Ik stak als excuus mijn hand op en was het voorval al weer vergeten toen ik, zeker 200 meter verder, in de achteruitkijkspiegel diezelfde gehelmde man gebogen over zijn stuur zag racen om me te achterhalen, wat hem bij een volgend kruispunt met stoplichten ook lukte. Hij kwam naast het geopende raampje staan en begon uit te leggen dat het gemarkeerde weggedeelte exclusief voor fietsers bedoeld is, dat auto's alleen in uitzonderlijke omstandigheden enzovoort, enzovoort. Hij schold niet, hij was niet boos, hij wilde mij alleen ervan doordringen dat ik iets had gedaan wat niet volgens de regels was.

Ieder die wel eens in de nacht door een Duitse stad heeft gelopen, kent de ervaring. Kruispunt, nergens nadert iets, maar de verkeerslichten doen het wel. Als je dan ondanks het rode voetgangerslicht toch oversteekt, blijkt er altijd een wakkere Duitser te zijn die je op het verkeerde van je daad wijst.

In de Duitslandkunde heet het de verinnerlijking van een opgelegde regel – een typisch Duits fenomeen volgens Nederlanders. Het is de tot moraliteit verheven overtuiging dat regels er zijn om nageleefd te worden. Een consequentie van de categorische imperatief uit de plichtethiek van Immanuel Kant: het onvoorwaardelijke gebod om als autonoom persoon zo te handelen dat wat jij doet, een voor iedereen geldende wet zou kunnen worden.

Maar Duitse volksaard?

In sommige concrete gevallen zou je het ook welbegrepen eigenbelang kunnen noemen als je weet dat er in Flensburg een computer staat waarin alle bekeurde verkeersovertredingen worden bijgehouden. Wanneer daar twaalf punten zijn geteld, ben je automatisch je rijbewijs kwijt; en veel overtredingen zijn niet nodig om twaalf punten te scoren. Je kunt je verbazen over Duitsers die in de winter al om zes uur 's ochtends hun stoep sneeuwvrij staan te maken. Maar als je weet dat de stoepbeheerder wettelijk aansprakelijk is voor de verwondingen bij de passant die op zijn stoep uitglijdt, is dat gedrag dan een uitvloeisel van *Obrigkeitsdenken* van de Duitser of misschien ook gewoon een kwestie van berekening?

Terug in Amsterdam en vader van een kind overkwam het me met enige regelmaat dat ik belerend werd toegesproken, meestal door een vrouw, dat ik het kind zomaar een beetje zijn gang liet gaan op de tramhalte, de roltrap in een winkel, de veerpont. Of ik niet wist dat dat gevaarlijk kon zijn met die taxi's die ook over de trambaan rijden, die roltrap waar een kind zich lelijk aan kan bezeren, dat water langszij de veerpont.

In Amsterdam zag ik geleidelijk ook meer fietsers met een helm op straat, niet enkel kinderen. En joggers op het trottoir met lampjes achter hun elleboog, soms met een rode op de ene en een groene op de andere arm. En kennissen volgden in het deftige Kasteel Groeneveld bij Baarn een cursus zelf worst maken. En de politie begon gericht te controleren op wel of niet functionerende fietsverlichting. En ook in Nederland ging men steigers met gordijnen behangen – om bouwstof tegen te houden – en bomen bij forse straatwerkzaamheden met houten planken omhullen – om ze te behoeden voor schade. Dit allemaal voor het eerst in Duitsland gezien, vele jaren eerder. En ik noteerde meer en meer Duitse woorden en uitdrukkingen in het dagelijkse taalgebruik, wel of niet een beetje aangepast aan het Nederlands. Topper in dezen is *über*. Het in het algemeen toch niet lichtzinnige dagblad *Trouw* zette boven een recept voor een dessert met zelfgeplukte bramen de kop: '*Wilde heisse Liebe*'. Kerstmarkten, de opmars van de broodcultuur, oktoberfeesten in *Lederhosen* en *Dirndl* overal in Nederland, de immense populariteit van het hippe Berlijn – de vreugde om (weer) een beetje Duits te zijn, is kennelijk niet meer *klammheimlich*.

Zelfs het Duitse voetbal werd voorbeeldig voor Nederland. Tijdens het WK van 2006 ontpopte het Duitse elftal onder leiding van het jonge, modieus geklede duo Jürgen Klinsmann en Joachim Löw zich zomaar tot de lieveling van het toernooi. Met fris en vrolijk aanvallend voetbal, een beetje anarchistisch – geheel volgens de principes van de Hollandse School, stelde men verbaasd vast in Nederland – charmeerde de *Mannschaft* het publiek. Hé, toch aardige mensen die Duitsers, en ze kunnen nog tegen hun verlies ook. Het heette niet voor niets een *Sommermärchen* en de hippe Löw kreeg het koosnaampje Jogi. (De Duitsers verloren de halve finale van het Italiaanse elftal, dat in Berlijn de finale won van Frankrijk. Nederland werd in de achtste finales uitgeschakeld door Portugal.)

In 2014 bereikte het Nederlands elftal op het WK in Brazilië bijna de finale met voetbal 'op zijn Duits'. Op z'n oud-Duits, beter gezegd, wat wil zeggen: strak georganiseerd, verdedigend, stug en dodelijk efficiënt. Heel Nederland gunde vervolgens de wereldtitel aan de Duitse *Mannschaft*. Dagblad *Trouw* presenteerde in zijn bijlage 'de Verdieping' de nieuwe werkelijkheid onder de kop: 'Onze nieuwe vrienden – Liefde voor Duitsland'.

Zo fungeerde voetbal als het kanariepietje dat als eerste laat merken dat er iets aan de hand is in de kolenmijn. Hoe kort geleden was het nog dat Ronald Koeman na de halve finale in Hamburg (EK 1988, 21 juni) ten overstaan van het miljoenenpubliek het geruilde voetbalshirt van de overwonnen Duitsers (uitslag 2-1) aan zijn stevige kont afveegde? Koeman bood naderhand zijn excuses aan. Heel Nederland vierde tot diep in de zwoele nacht feest. Gewroken was München 1974 (nederlaag WK-finale tegen West-Duitsland), ook een beetje gewroken was '40-'45. En gewroken was de 8-0 van Bayern München op 7 november 1978 in Amsterdam. De grootste nederlaag ooit voor Ajax, in nota bene de afscheidswedstrijd van Johan Cruijff. Het publiek scandeerde niet 'Cruijf-fie Cruijf-fie' maar 'Aantjes Aan-tjes', de naam van de CDA-fractievoorzitter van wie de dag tevoren bekend was gemaakt dat hij in de oorlog lid van de Waffen-SS zou zijn geweest. Overigens waren de spelers van Bayern München bij het betreden van het veld vanaf de tribune verwelkomd met '*Nazi-Schweine*'.

De onverdacht Amsterdamse krant *Het Parool*, die je 'dus' niet kon betrappen op opzichtige *Deutschfreundlichkeit*, liet in de zomer van 2014 een dandy-achtig personage in een column 'Toerist in eigen stad' spelen. Zittend op het terras van café Oosterling met uitzicht op de torens van De Nederlandsche Bank, maakt die zich er voor de zoveelste keer kwaad over dat op die plek het afgebrande Paleis voor Volksvlijt nooit is herbouwd maar vervangen werd door iets lelijks. Hij raakt vervolgens ontroerd door de nauwgezetheid waarmee een postbesteller zijn werk doet en zegt dan tegen zijn maat: 'Het bestaat nog. Echt Hollands gedrag. Precisie. Je afspraken nakomen. Als iedereen zo was, had het Paleis voor Volksvlijt er nog gestaan, dan waren we trots op die naam alleen al.'

Stiptheid, precisie, je afspraken nakomen, volksvlijt en daar trots op zijn: is dat echt Hollands gedrag? Waren dat niet veeleer de stereotypen die we aan Duitsers toekenden, ook wel het Pruisische cliché genoemd: eigenschappen waar een beetje eigengereide Amsterdammer niet in de eerste plaats prat op zou willen gaan. 'Was Nederland maar een deelstaat van Duitsland en Angela Merkel ook onze bondskanselier,' wenste niet lang geleden Max Pam, columnist uit de Amsterdamse grachtengordel in *de Volkskrant* bij gelegenheid van een of ander ongerief in het eigen vaderland, en hij bedoelde het beslist niet ironisch. Evenmin professor Piet Borst toen die in de wetenschapsbijlage van NRC *Han-*

delsblad een column publiceerde onder de kop *'Frau Merkel, hilfe'*.

Met instemming signaleerde diezelfde krant dat bij de opening van het academische jaar 2015/2016 in vijf van de traditionele toespraken gewag werd gemaakt van het belang van *Bildung*, 'een ouderwets degelijke term voor de persoonlijke vorming van de mens in ethische, intellectuele, culturele en sociale zin', tegenwicht tegen het Angelsaksisch geïnspireerde rendementsdenken. Ter wille van die te stimuleren zelfontplooiing van de studenten riepen de beide universiteiten van Amsterdam de 'Bildung Academie' in het leven.

Dat de ruimhartige houding van bondskanselier Merkel tegenover de vluchtelingenstroom uit het Midden-Oosten en Afrika op bijval kon rekenen in kringen van weldenkende Nederlanders, hoeft niet te verbazen. Maar wie had ooit kunnen bedenken dat in diezelfde weldenkende kringen het boulevardblad *Bild* nog eens ten voorbeeld gesteld zou worden aan bijvoorbeeld *De Telegraaf*? *Bild* voerde op het hoogtepunt van de 'vluchtelingencrisis' unverfroren campagne voor solidariteit met de vluchtelingen.

Wonderbaarlijk in hoe korte tijd de omslag in de appreciatie van Duitsland en de Duitsers heeft plaatsgevonden, vindt ook professor H.W. von der Dunk, emeritus hoogleraar geschiedenis aan de Universiteit Utrecht. Hij is kind van een Duits echtpaar dat in de jaren dertig van de vorige eeuw naar Nederland vluchtte, en hij behield groot heimwee naar het pre-nazistische Duitsland. Hij zag op tv in zijn huis in Bilthoven alle voetbalwedstrijden van 1988, 2008 en 2014. 'In voetbal, dominant als het is in ons deel van de wereld, komt als vanzelf de cultuur van een land tot uiting. En wanneer zich in die cultuur drastische veranderingen voordoen, geeft voetbal daar direct en onverhuld blijk van. Doorzetten, niet opgeven en op het laatst toch nog de zaak binnenhalen: het waren ineens lovenswaardige eigenschappen. En een *Schwalbe* hoort er eigenlijk gewoon bij, vindt men nu.'

Die *Wende* in de verhouding tot Duitsland typeert Von der Dunk als een terugkeer naar de *Normalität* van vóór de nazitijd. 'Na 1945 is Nederland onder invloed van de oorlog cultureel met de rug naar Duitsland gaan leven. Het toen op zijn sterkst aanwezige anti-Duitse sentiment is men gaan terug-projecteren in de geschiedenis en parallel daaraan de historische banden met Engeland gaan beklemtonen. Maar die banden met Engeland waren helemaal niet zo sterk, eeuwenlang niet. Dat we dat zijn gaan denken, kwam door Amsterdam, het links-intellectuele centrum van Nederland. Amsterdam is in de oorlog een afschuwelijke stad geweest om in te verkeren. Amsterdam was de fuik van waaruit de Nederlandse Joden via Westerbork naar het oosten zijn gedeporteerd. In Amsterdam zat de kern van het SS-bewind. Daar kwam na de oorlog het Rijksinstituut voor Oorlogsdocumentatie, dat Duitsland onderzocht en documenteerde op zijn meest afzichtelijke en barbaarse aspecten. Vrij snel na de oorlog werd Nederland onder druk van de Koude Oorlog gedwongen militair en economisch met Duitsland samen te werken, zeker nadat halverwege de jaren vijftig het *Wirtschaftswunder* zich begon af te tekenen. En toen die samenwerking betrekkelijk vredelievend en ordentelijk verliep, is onder de intellectuelen, met name die in Amsterdam, als een soort compensatie voor de onvermijdelijkheid van die samenwerking met Duitsland een stemming ontstaan die er simpel geformuleerd op neerkwam: "Oké, nu zijn wij er om te waken en Duitsland in de gaten te houden, en ervoor te zorgen dat Duitsland niet in revanchisme en opnieuw in fascisme vervalt." Die anti-Duitse preoccupatie en de ermee gepaard gaande fixatie op de Anglo-Amerikaanse cultuur is in de loop der tijd langzamerhand minder geworden en, mag je misschien zeggen, is nu aan het verdwijnen. Je zou dus kunnen zeggen dat onze nieuwe verhouding met Duitsland historisch gezien een terugkeer is naar de normaliteit van vóór het nazidom.'

2

Berlijn – scenario voor een film van Woody Allen

Londen, Parijs, Barcelona, Rome, New York, allemaal grootse steden die decor en 'medespeler' waren in de romantische comedy-films van Woody Allen. Waarom nog niet de sinds enige tijd hipste hoofdstad van Europa? Heeft de Amerikaanse regisseur er geen goed script voor? Of is Berlijn te zwaar om er iets tragikomisch van te maken, te beladen door zijn verleden als hoofdstad van twee wereldoorlogen en de Koude Oorlog?

Een man en een vrouw ontmoeten elkaar op een zomerse avond in een café in een andere Europese stad. Het zou Amsterdam kunnen zijn maar ook een stad aan de Amerikaanse oostkust, mits de hoofdpersonen besef hebben van de Europese cultuur en geschiedenis, met name die van de twintigste eeuw. Hij is journalist van een landelijke krant en heeft net gesolliciteerd op de post Berlijn, waar kort daarvoor de Muur is gevallen. Zij is wetenschapshistorica, aanmerkelijk jonger en halverwege haar promotieonderzoek.

Binnen een week slapen ze met elkaar. Drie weken later wordt hij daadwerkelijk benoemd tot correspondent in Berlijn. Weer een paar weken later reizen ze voor de eerste keer samen naar Berlijn om kennis te maken met de stad en het huis waar hij komt te wonen. Ze zijn verliefd, op elkaar en op de stad, die voorzichtig begonnen is de gevolgen van de bijna een halve eeuw durende deling te boven te komen. Voorlopig zijn dat vooral plannen, plannen voor van alles en nog wat, maar de schizofrenie van de formeel herenigde stad is in velerlei verschijningsvormen op straat en in de hoofden van de mensen aanwezig.

De *'Mauer im Kopf'* zou nog heel lang blijven bestaan, met soms vreemde consequenties. Bij zijn laatste bezoek aan Berlijn, in 2015, vertelde een vrouw hem dat haar ouders uit de wijk Neukölln nog nooit in het voormalige Oost-Berlijn waren geweest, op het stukje Unter den Linden tussen de Brandenburger Tor en de brug over de Spree bij het Deutsches Historisches Museum na.

Mooi detail voor een Woody Allen-film is het gegeven dat Berlijn een filmstad is en een klein bioscoopje heeft genaamd *'Der blaue Engel'*, waar achter in het zaaltje collega-regisseur Josef von Sternberg gebeeldhouwd op een stoeltje zit. Marlene Dietrich, *'von Kopf bis Fuss auf Liebe eingestellt und sonst gar nichts'* (over Duits radicalisme gesproken!) was begraven op de *Friedhof* aan de straat waar hij woonde. Woody Allen zou, als een citaatverwijzing naar zijn eigen *Purple Rose of Cairo*, haar op een of andere manier in de eenentwintigste-eeuwse realiteit van Berlijn kunnen laten opduiken.

Ze zien elkaar zo vaak als maar mogelijk is, bij hem in Berlijn of bij haar in Amsterdam (of die andere stad waar zij in de film gesitueerd is). Maar echt vaak is dat niet. Hij kan vanwege zijn werk niet te lang weg uit Berlijn, zij is omwille van haar promotie en toekomstige baan ook tamelijk gebonden aan haar verblijfplaats.

Een paar keer maken ze samen een reis naar het noorden en het zuiden van de voormalige DDR en een keer naar Polen. Hun liefdesrelatie is al met al net zo schizofreen als de stad Berlijn. Ze zijn van elkaar als ze fysiek bij elkaar zijn, en dan spreken ze niet over later, niet over de eventuele bestendigheid van een verbintenis, laat staan over de vorm waarin; ze beloven elkaar niks. Ook vermijden ze angstvallig elkaar te bevragen over eventuele erotische betrekkingen met derden in hun van elkaar gescheiden werelden. Hij weet niet hoelang hij in Berlijn kan blijven, of wat er daarna zal gaan gebeuren. De aard van haar studie veroordeelt haar min of meer tot een professionele carrière in haar geboorteland.

Als hij na anderhalf jaar te horen krijgt dat hij terug moet, is dat zowel een bittere pil als een *blessing in disguise*. Zij vertelt hem later dat ze het niet veel langer zou hebben weten vol te houden op zo grote afstand van elkaar, en dat ze al had overwogen er in godsnaam dan maar een punt achter te zetten.

Ze trouwen, krijgen een kind, kopen een huis. Hebben een normaal bestaan met een baan, hypotheek, vrienden en onderwijl verloopt hun liefde, om te beginnen hun verliefdheid. 'Ja maar,' zeiden vrienden aan de eet- en dranktafel als hij met grote woorden de intrinsieke onmogelijkheden van lang durende liefdesrelaties uiteenzet, 'je verwart verliefdheid met liefde en gaat ervan uit dat in beide toestanden seks de drijfveer is.' 'Ja,' riep hij dan, 'seks is de eerlijke component in dat hele complex. Je bent elkaars minnaar en zodra een van beiden geen minnaar meer is of dat niet meer wil zijn, is het uit met de pret.' En dan begon hij soms te oreren over vitalisme. Over leven en vooral het bestanddeel liefde daarin, dat beleefd moet worden alsof... en anders ... Enzovoort, en zo verder, want hij kon behoorlijk doordrammen. Zozeer zelfs dat Rob, een bevriende architect die met zijn gezin een keer de kerstvakantie inclusief oud en nieuw bij hem in Berlijn doorbracht, zei: 'Je redeneert veel te veel vanuit een idee. Je lijkt wel een Duitser. Kijk om je heen en wees reëel!'

Met enige regelmaat waren ze voor korte bezoeken teruggekeerd naar Berlijn en zagen ze hoe die stad geleidelijk aan een beetje normaal werd en hip, überhip. Het kloppende hart verschoof naar het oosten, naar het vroegere Mitte en Prenzlauer Berg, waar studenten, kunstenaars en *the young and beautiful* uit heel Europa de toon zetten. Verder naar het oosten, eigenlijk al vanaf de Alexanderplatz, leek de alledaagse DDR-realiteit zich in grote hardnekkigheid te handhaven.

Dat andere verleden daarentegen, de nazitijd, drong zich in de publieke ruimte van Berlijn onweerstaanbaar op. De 2711 betonnen stèles van het *Monument voor de vermoorde Joden van Europa* iets ten zuiden van de Brandenburger Tor (op reiswebsites 'geclassificeerd als nr. 14 van 1494 attracties in Berlijn' – hoe *pünktlich* weer), het Jüdisches Museum van Daniel Libeskind, de nieuwbouw van de *Topographie des Terrors* aan de Stresemannstrasse, voormalig hoofdkwartier van de SD, vlak bij dat van de Gestapo en de SS: er lijkt geen straat te zijn waar niet iets is gebeurd wat wij, wat de Duitsers in het geheugen moeten houden, 'opdat het nooit meer zal gebeuren'. Dus *Gedenkstätte* hier, *Denkmal* daar, er is geen ontkomen aan. Zelfs een onschuldig uitstapje op een warme zomerdag naar de bootjes en stranden van de Wannsee confronteert je met de Duitse gruwel van toen. Daar vond de *Wannseekonferenz* plaats, en veel bordjes verwijzen naar de tot gedenkplaats ingerichte Villa Marlier, waar na een ééndaagse beraadslaging het besluit tot de *Endlösung der Judenfrage* viel.

En dan hebben we het nog niet over het daaraan voorafgegane en ook al zware verleden. Het keizerrijk en de Eerste Wereldoorlog, waar Berlijn ook het brandpunt van was. En het Pruisische verleden, dat ook maar niet voorbij wil gaan – zie de pijnlijk precieze herbouw en reconstructie, althans de buitenkant, van het Berliner Stadtschloss tegenover de Lustgarten met de vier musea van het Museumsinsel. Daar, in het voormalige grensgebied van West- en Oost-Berlijn, zag je de ultieme samenvatting van wat Berlijn zo aantrekkelijk maakte: wereldgeschiedenis onder handbereik. Het uit 1443 daterende en veel later in barokstijl omgebouwde Stadtschloss, residentie van opeenvolgende Brandenburgse markgrafen, Pruisische koningen en Duitse keizers, was door Engelse bommenwerpers weliswaar ernstig beschadigd in de oorlog, maar niet verwoest en nog heel bruikbaar. Maar op bevel van de communistische DDR-Chef Walter Ulbricht werd het gehate symbool van het Pruisische militarisme in 1950 opgeblazen en vervangen door het Palast der Republik, een prestigieus en tamelijk lelijk 'verzamelgebouw' van glas en staal en asbest, Palazzo Prozzo en ook wel Erichs Lampenladen genoemd, de lampenwinkel van Erich Honecker, de laatste DDR-Chef, waarin ook de Volkskammer bijeenkwam. Dat DDR-monument op zijn beurt werd, na gecompliceerde discussies waaraan heel intellectueel

Duitsland deelnam, zoals met alles wat Berlijn betreft, tot op het fundament *'ausradiert'*.

Cultuurfilosofen houden ervan aan zoiets een algemeen geldend kenmerk omtrent Duitsland en de Duitsers te ontlenen. Dat ze geen weg weten met zichzelf en met hun plaats in de wereld: wie zijn wij, wat is ons land? En dat ze als gevolg daarvan de werkelijkheid voortdurend naar eigen hand willen zetten, en hun verleden ook. Altijd *Sturm und Drang* bij die Duitsers, altijd de o zo Duitse angst voor het kleinburgerlijke.

Hun levens dreven van elkaar weg. Maar ze bleven wel in hetzelfde huis wonen, zorgden samen voor het kind, deelden pragmatisch de zaken van huishoudelijke aard, en leken – ondanks de bitterheid die voortdurend dreigde – uit te komen bij een modus vivendi die niet al te veel scherpe kanten had. Dacht hij.

Op een dag zegt ze dat ze weer seks wil, maar niet met hem. Met een vriend die ze al heel lang kent en die ze de laatste tijd vaker ziet. Hij neemt de mededeling voor kennisgeving aan, wenst haar er veel geluk en plezier mee.

Een week later gaat hij met zijn zoon, hun zoon, naar Berlijn om hem de stad te laten zien waar zijn vader zich zo thuis voelt. Op weg erheen krijgt hij last van maagpijn en lichte aanvallen van misselijkheid. Die duren ook de volgende dag en de dag daarop. Vreemd. Ze staan voor het Berlijnse huis aan de Südwestkorso waar hij gewoond heeft, eten in de Landauer waar hij met enige regelmaat heeft gegeten, zitten tot 's avonds laat op terrassen in Kreuzberg, reizen per U- en S-Bahn willekeurig door de stad, verkennen zonder vooropgezet plan het centrum – zoals ook altijd met zijn moeder

– en zien dat er al weer een nieuwe opvallende Gedenkstätte op een prominente plek bij gekomen is, tussen de Brandenburger Tor en de Reichstag. Voor de in het Derde Rijk vermoorde Roma en Sinti. 'Moet je je eens voorstellen,' zegt hij tegen zijn zoon, 'dat je een geboren Duitser was. Je leeftijdgenoten in Engeland, Frankrijk of Nederland zien in Londen, Parijs of Amsterdam de glorie, het roemrijke van hun land. In Berlijn worden ze met hun neus op de misdaden van hun grootouders gedrukt.'

En al die tijd is zij geen moment uit zijn gedachten en heeft hij die knoop in zijn maag. En langzaam dringt het tot hem door: het is de stad, in combinatie met de aanwezigheid van hun zoon en haar afwezigheid. Het is de eerste keer dat hij naar Berlijn is gereisd zonder haar. En daarbovenop nog haar mededeling dat ze wel weer seks wilde maar niet met hem.

In onverwachte hevigheid welt de spijt op over het verloop en de teloorgang van hun liefde. Meer nog dan eertijds ervaart hij de schizofrenie van zijn correspondentenverblijf toen in Berlijn. Het was het liefste wat hij wilde, in Berlijn zijn, en tegelijkertijd verlangde hij er even sterk naar om niet in Berlijn te zijn, maar bij haar in die andere stad. *Zwei Seelen, ach, auch in seiner Brust.* Berlijn was de culminatie van beide strijdig met elkaar zijnde hartstochten. Die toestand, een ideaaltoestand, was voor hem de maatstaf geworden. Zo intens als toen, zo had het moeten blijven. Vol van diep-Duits verlangen als het ware, groots en meeslepend dus, geheel conform de tot cliché geworden opdracht die Marsman zichzelf stelde in zijn Duits geïnspireerde vitalistische periode, toen hij in stedengedichten als 'Berlijn' steevast de stad verbond met zon, kosmos en de vrouw. *Im Kopf* een radicaal idee hebben en van daaruit de wereld beschouwen, je zou het een Duitse ziekte kunnen noemen.

Berlijn bood het inzicht in zijn tegenwoordige toestand, Berlijn was de catharsis. Na een catharsis blijven er voor de held van het verhaal in het algemeen twee mogelijkheden. Of hij gaat op zijn Duits ten onder, zoals professor Unrath in *Der blauwe Engel* van Josef von Sternberg, idem dito Franz Biberkopf in *Berlin Alexanderplatz* van Werner Rainer Fassbinder. Of hij vervolgt *sadder and wiser* zijn leven, zoals de meeste personages bij Woody Allen. Meer of minder verzoend met zijn lot en wie weet met de vroegere geliefde, in elk geval zonder bitterheid.

En misschien slaagt hij erin uiteindelijk net zo onthecht te raken als Zeno in *Het hermetisch zwart* van Marguerite Yourcenar, die na zijn zoveelste vertrek uit een zoveelste Europese stad zich verbaast over die ook bij hem altijd latent aanwezige 'begeerte om bij een jong en warm lichaam die nachten van kou, ondergang en duisternis te vergeten'.

3

Civiele courage van de leraar Duits

Luister naar zijn tirades en zie hoe hij ook in zijn uiterlijk zich wars betoonde van modieuze opvattingen en andere tijdgeestigheden. Als er iemand het begrip *Zivilcourage* belichaamde, was het wel de oud-leraar Duits van Wim de Bie. Hij zou trouwens ogenblikkelijk protest hebben aangetekend tegen de vernederlandste versie van het woord. Je hoort zijn driftige stem sputteren: 'Civiele courage, civiele courage? Een barbarisme, meneer. Of zegt de term barbarisme u ook al niets meer?'

Burgermansmoed – een paar naoorlogse generaties leraren Duits in Nederland waren er maar beter mee gezegend om bestand te zijn tegen de impopulariteit van het vak (en het pesten door de leerlingen). Roemrucht is het verhaal van de al even roemruchte schrijver J.B. Charles, pseudoniem van de jurist en criminoloog (en verzetsstrijder) Willem Hendrik Nagel, en diens al even anti-Duitse uitgever Bert Bakker. Wanneer een van Nagels kinderen met een onvoldoende of een taak voor Duits thuiskwam en oom Bert was op visite, kregen ze van hem een tientje en ook wel eens vijfentwintig gulden.

Hoezeer De Bie raakte aan een archetype, blijkt wel uit het feit dat toen begin 2015 onderzoek werd gedaan naar de positie van het vak Duits op middelbare scholen, nogal wat media hun berichten hierover illustreerden met een foto van zijn oud-leraar Duits (kwade mond, sikkenbaard, stevige winterjas, gebreide muts op het hoofd). Of het tv-personage was een oerbeeld van elke leraar-door-de-eeuwen-heen, een altijd hiërarchisch, ouderwets ingesteld type, die in de persoon van de leraar Duits het langst in herinnering is gebleven. Of O. den Beste (Otto) kenmerkte toch de typische leraar Duits zoals de generaties van na de oorlog die op hun middelbare school ondergingen.

Het vak kampt nog steeds met een imagoprobleem, concludeerde het DUO Onderwijsonderzoek van begin 2015. Bijna de helft van de middelbare scholen met een vacature-Duits heeft veel moeite die te vervullen. Er is een tekort van 150 docenten (= 5 procent), met name aan eerstegraadsleraren; de Nederlandse universiteiten leveren er jaarlijks gemiddeld ruim twintig af.

Het Duits is met 100 miljoen moedertaligen de meest gesproken taal in West- en Midden-Europa. Duitsland is economisch en politiek leidend in Europa en in de rest van de wereld een van de grootmachten. Bij 'de nonnen van Vught' heeft men dan ook niet te klagen over belangstelling voor de trainingen Duits. De sectie Duits is de op twee na grootste van het taleninstituut, na Engels en Nederlands, en is sinds 2009 gegroeid van jaarlijks 340 voltijdcursisten naar circa 500 in 2015.

Zuster Maria Luykx was oprichtster in 1963 en tot 1984 directrice van het Taleninstituut Regina Coeli in Vught. Een middelbaremeisjesschool in eerste instantie, waar het talenpracticum na schooltijd gaandeweg meer en meer werd ingezet voor taalonderricht voor mensen die ver weg gingen werken in de missie, zending en ontwikkelingshulp. De nonnen behoorden tot de van oorsprong Franse kanunnikessen van de heilige Augustinus, de zusters van Regina Coeli (Koningin van de Hemel, Maria). Inmiddels zijn het al lang geen nonnen meer. Maar iedereen in Nederland, en ook menigeen daarbuiten, weet dat wil je in korte tijd een vreemde taal enigszins onder de knie krijgen, je bij 'de nonnen in Vught' moet zijn. Ze bedienen vooral de zakelijke markt, mensen die zich voor hun bedrijf of instelling vertrouwd moeten maken met een andere taal en cultuur.

Hoofd van de sectie Duits in Vught is de Duitse Doris Sandrock. Geboren in de buurt van Kassel in Hessen, *Sozialpädagogik* en *Diplom-Pädagogik* gestudeerd in Marburg an der Lahn – 'de oudste protestantse universiteit ter wereld' – kwam ze in 1980 met haar Nederlandse man en kind in Heusden wonen. Zoon Johannes had op de middelbare school Duitse les van een leraar die zijn moeder deed denken aan de oud-leraar Duits op de televisie bij Van Kooten en De Bie. Duits was naast Nederlands zijn moedertaal en Johannes had 'dus' geen zin om rijtjes te stampen en wilde ook wel eens zijn leraar Duits wijzen op fouten, in uitspraak bijvoorbeeld. Dat alles werd niet zo op prijs gesteld. 'Gelukkig kreeg hij in zijn laatste schooljaar een jongere lerares Duits.'

Johannes ging met de klas naar het voormalige concentratiekamp Vught, waar ze te horen kregen: 'We moeten waken, want die moffen zullen altijd...' Of bij maatschappijleer, een les over vooroordelen, waarbij de samenleving werd voorgesteld als een reisbus met daarin een Afrikaan, een Arabier, een Eskimo, en een ‘vette, dikke mof’ als personificatie van de Duitser. Vrienden van Doris die te horen kregen: ‘Hoe kunnen jullie je zoon met zo’n moffenkind laten spelen?’ Botsing van een auto op een andere auto in het dorp, en dat dan gezegd werd: ‘Ach, ’t is een Duitse auto toch?’ Doris Sandrock: ‘Zulke confrontaties deden zich heel veel voor. Met altijd het bekende patroon dat men jou altijd de uitzondering maakte: “Jij bent die lieve Doris, jij bent geen echte Duitse, jij bent anders.” Als compliment werd het bedoeld, en men realiseerde zich niet hoe kwetsend het was.’

Ze zat er kortgeleden nog met haar zoon over te praten, en beiden hadden geconcludeerd dat het allemaal verleden tijd was, echt helemaal voorbij, en Johannes had nog gezegd: ‘Ik zie nu kinderen in Nederland in voetbalshirts van Bayern München lopen. Ik had dat eens moeten doen toen ik zo jong was als zij nu.’

Vanaf 1983 is Doris Sandrock Duitse les gaan geven. Achtereenvolgens bij het Instituut Jeroen Bosch in ’s-Hertogenbosch, het International Language Centre in Waalwijk en vanaf 2009 bij ‘de nonnen van Vught’. ‘Wij dachten dat de belangstelling voor Duits terug zou lopen en Engels het totaal zou overnemen. Te meer daar nu ook grote bedrijven in Duitsland als Bosch en Siemens het Engels tot hun internationale voertaal hebben gemaakt. Maar nee, de markt voor Duits groeit. Omdat de twee talen zo verwant zijn, kan een Nederlander zich vrij snel vrij redelijk in het Duits redden. Veel beter dan een Fransman, Italiaan of Engelsman. In het internationale zakenleven is dat in het voordeel van de Nederlander. Prijzen, kwaliteit, leveringsvoorwaarden – het ligt allemaal vrij dicht bij elkaar. Wil je je echt onderscheiden, dan gaat het toch meer om de persoonlijke relatie. In de vergadering spreekt men Engels. Het zakendoen in de wandelgangen of bij een biertje gebeurt in het Duits. Het is de Nederlandse handelsgeest niet ontgaan.'

En als je de taal beheerst, voel je de situatie ook beter aan, doorzie je eerder de structuur en gaat het zakendoen soepeler. Als voorbeeld het verhaal tijdens een workshop ter voorbereiding van de Hannover Messe. Mensen van een betrekkelijk klein, zeer gespecialiseerd metaalbedrijf vertelden hoe een deal met een grote Duitse afnemer maar niet van de grond kwam. Het ging om een vrij technisch product. Ze dachten dat ze zaken moesten doen met de chic geklede en in mooie auto's rijdende mannen van Sales en hadden geen oog voor de grijze muizen van de techniek. Twee jaar had het geduurd voordat ze erachter kwamen dat niet die sales-mensen maar de hoogopgeleide technici bepaalden of ze het specifieke onderdeel wel of niet wilden hebben.

Deutsch macht Spass heet de cursus in Vught, een titel die een reactie is op het imago van Bies oud-leraar Duits. Doris Sandrock komt ze niet meer tegen, de cursisten die er liever niet al te veel ruchtbaarheid aan geven dat ze naar Duitsland gaan om zaken te doen, of die zich beklagen dat ze naar Duitsland moeten verhuizen terwijl hun vrouw en kinderen niet willen. 'Al die dingen, het is helemaal geen thema meer. En volgens mij is dat vooral te danken aan de jongeren van nu. De nieuwe generatie is onafhankelijker van de ouders geworden. Men vormt zich een eigen beeld. Er heeft een enorme progressie plaatsgevonden. Mede dankzij de mogelijkheden van studie, van reizen, van andere culturen leren kennen. In Nederland had je daarbij nog de verzuiling. Men accepteerde elkaar naast elkaar, groep bij groep, maar nooit in de mengeling. De kijk van de hedendaagse generatie is veel breder, minder belast door het verleden dat hun ouders overleveren.'

4

Dirndl in de polder

'*Grüss Gott,*' groet de oude heer terwijl hij zijn jagershoedje afneemt. Hij vertelt dat de grijze kniekousen onder zijn *Lederhosen* nog van een safari zijn in Rhodesië, het tegenwoordige Zimbabwe. In een oude kist had hij die teruggevonden en er mankeerde na al die jaren nog niks aan. 'Goeie Engelse kwaliteit.'

Lions Club Werkendam riep iedereen op om in 'lederhosen, dirndl of ander Beierse c.q. Tiroler kledij' op zijn eerste *Oktoberfest* in het Land van Heusden en Altena te verschijnen. Het overgrote deel van de bezoekers in de schuurzaal van het Golfpark bij Almkerk heeft gehoor gegeven aan de oproep. Is het bij de mannen niet een *hosen* van leder dan wel eentje van corduroy. Of zomaar een korte broek met pijpen tot op de knie, maar dan meestal wel weer met een roodwit geblokte blouse erboven. De weinige mannen in een gewone lange broek houden die op met kleurige, brede bretels. De vrouwen hebben evenzeer hun kleurrijke best gedaan. Schort over een wijde rok, daarboven een bloes en een bovenstukje waaruit bij sommigen de pronte borsten puilen, eromheen strikjes en roesjes. De weinige meisjes zonder dirndl dragen hotpants over zwarte maillots. Diensters, tot in de puntjes Oktoberfest, brengen pullen bier, halve liters, naar de biertafels. Een feestband met vier trompetten, drie trombones, een saxofoon, een bombardon, grote trom en een mobiel drumstel, samen de Jigger Bigger Band. Een dj met Duitse power-schlagers: *'Jetzt geht's los... die Hände zum Himmel...'* En gaandeweg de zaterdagavond gaat het inderdaad *los* en ziet ook de worstenman voor zijn kraam de klandizie toenemen.

Op tientallen plaatsen in Nederland wordt ergens tussen half september en eind oktober Oktoberfest gevierd, en elk jaar komen er meer bij. Van Delfzijl en Klazienaveen in het noorden tot Breda, Vught en Roermond in het zuiden. Van enkel een vrijdagavond in Meppel tot een zes dagen durend festijn in Sittard. In een dorp als Noordwolde, en evenzogoed in een grote stad als Amsterdam, waar café/stadsoase/creatieve vrijplaats Roest per aanplakbiljet alle hipsters uitnodigt voor een *Oktoberfest mit bier, wurst, bruste, humpapa* plus 'germanische volksliederen, schlagermuzik, lederhosen, pullen bier, sauerkraut, schreeuwende rundbrustigen en Dj Sjonnie & Anita'. De juiste kledingstukken en accessoires zijn in ruime mate te huur of te koop bij kostuumcentrales. Entertainmentbureaus hebben feestartiesten in de aanbieding zoals daar zijn Wolter Kroes, Die Stramme Jungs, Die Lustige Schlagerfreunde, De Alpenzusjes, Dieter Koblenz en de blond gepruikte Thorsten von Lippe Biesterfeld uit Weert (geen familie).

Ze wilden dit jaar (2015) wat anders, vertelt voorzitter Jan van den Dool uit Sleeuwijk. Traditie is dat de Lions Club Werkendam jaarlijks een feest organiseert waarvan de opbrengst (sponsorbijdragen en entreegelden) naar een goed doel in het Land van Heusden en Altena gaat. Naar de voedselbank bijvoorbeeld, het Biesbosch Museum, een vakantie voor mantelzorgers uit het gebied, dit keer naar de Stichting Leergeld. De bijeenkomst met een koud buffet vond altijd plaats in het chique kasteel van Dussen. Maar de belangstelling liep terug, met name die van de jongere generatie. Dus was er gebrainstormd over een alternatief dat ook de eigentijdse jongere zou aanspreken. Zo was men op een Oktoberfest uitgekomen.

Het Land van Heusden en Altena, gelegen tussen Waal/Merwede en Bergse Maas, is niet alleen oer-Hollands qua rivierenlandschap, ook qua gereformeerdheid. Werkendam neemt een vooraanstaande plaats in in wat de Bijbelgordel wordt genoemd. Dat is de diagonale strook door het land waar het 'zware', bevindelijke gereformeerdendom in de achttiende eeuw wortel schoot en tot op de dag van vandaag standhoudt. Werkendam, een centrum van binnenvaarthavens, binnenvaartschippers, scheepswerven en scheepsreparatiebedrijven, kent wel dertien verschillende kerkgenootschappen op een bevolking van 12.000 zielen. De meeste op zeer gereformeerde grondslag, maar allemaal net iets anders van 'ligging' en Bijbelinterpretatie. Nog in 2010 ging het er in de gemeentepolitiek heftig aan toe over de kwestie of de nieuwe veerverbinding met Boven-Hardinxveld aan de overkant van de Merwede de zondagsrust mocht verstoren. Het voetveer mocht uiteindelijk ondanks hartstochtelijk SGP-verzet ook op zondag varen.

Dat men zich in dit van zondebesef en noodlot doordrenkte land nu ook heeft overgegeven aan een aberratie als het Oktoberfest, een lichtzinnigheid uit het (ook dat nog!) katholieke Beieren en Oostenrijk, zou je kunnen zien als een teken aan de wand.

Voorzitter Van den Dool, sportofficier bij de Koninklijke Landmacht, oogt even na tienen redelijk tevreden over de opkomst en sfeer in de tot *Hütte* getransformeerde zaal van het golfpark. Goede opkomst, behoorlijk wat jongeren, aan de tafels wordt gedeind. Misschien een idee voor het Oktoberfest van volgend jaar om iets te doen met de strikjes van de dirndls. Zit die aan de rechterkant van het schort geknoopt, dan is de draagster gehuwd of verloofd. Een weduwe heeft de strik aan de achterkant, een maagd aan de voorkant. En met een vrijgezelle deerne heb je te doen als zij de strik links draagt.

5

Eros bij Bach en meer Duitse seks

'Borsten als druiventrossen' was vermoedelijk het eerste Bijbelse beeld dat zich in mijn hoofd heeft verankerd. Het komt uit het Hooglied, Salomo's ode aan de liefde. In het Groningse calvinistische milieu waar ik opgroeide, werd uitgelegd dat je dit Bijbelboek met zijn onverbloemd erotische taalgebruik natuurlijk niet letterlijk diende te nemen, maar allegorisch moest verstaan. Als een lofzang op de liefde tussen God en de gelovige of tussen Jezus en de Kerk, zoiets.

Moeten we zo ook de cantate *Meine Freundin, du bist schön* van Johann Christoph Bach, een oom van Johann Sebastian, begrijpen? De tekst is gebaseerd op het Hooglied en verhaalt van twee geliefden die met vrienden naar een tuin gaan om te eten en te drinken en eh... te musiceren. 'Kijk niet zo naar mij,' zingt de bas, 'je ogen maken me bronstig.'

De sopraan antwoordt: 'O, dat ik jou, mijn broeder, mocht kussen. Mijn vriend, kom naar je tuin.'

De bas weer: 'Ik kom, mijn zuster, lieve bruid, naar mijn tuin.'

Vervolgens nodigen ze de anderen uit: '*Esset meine Lieben und trinket, meine Freunde.*' Het koor zingt: 'Want het is een geschenk van God te eten en te drinken en blij van zin te zijn.'

Bas en sopraan samen: 'Eet en drinkt vrienden en wordt dronken.'

Dat van dat eten en drinken en dronken worden en plezier hebben wordt nog een keer herhaald, waarna allen dit deel van het hedonistisch samenzijn besluiten met het zingen van een koraal:

Herr Gott Vater, wir danken dir
Dass du uns reichlich hast gespeist
Dein Lieb' und Treu' an uns beweist
Gib uns auch das Gedeihen dazu
Unserm Leib, Gesundheid und Ruh'
Wer das begehrt, sprech' Amen dazu.

Zijn dit symbolisch op te vatten verwijzingen naar eh... iets geestelijks? Welnee, en calvinistisch is het sowieso niet. De familie Bach was Duits, luthers en dit is dan ook een lutherse interpretatie van het Hooglied. Niets allegorisch aan uit te leggen. Gewoon eten, drinken en seks, een recht-toe-recht-aan lofzang op aardse genietingen – waar we God voor mogen danken.

Zou mijn leven er anders hebben uitgezien als Groningen in de Tachtigjarige Oorlog niet aan de kant van Oranje en de Republiek der Zeven Verenigde Nederlanden was terechtgekomen? Met andere woorden: wat als Groningen in die jaren luthers was geworden net als de Noord-Duitsers en de Scandinaviërs? Het had gekund, want het gewest had zowel zakelijk als geestelijk veel meer affiniteit met de oosterburen dan met het verre Holland. Zouden de Groningers het Hooglied dan letterlijk hebben genomen en onbekommerder het leven in het hier en nu hebben omarmd?

Helaas, er is nauwelijks of geen kans daartoe geweest, in elk geval niet voor het land als geheel, begrijp ik van Martin van Wijngaarden, luthers predikant in Rotterdam en medeauteur van *Martin Luther, zijn leven en werk* (2007). Luthers revolte tegen de 'roomse praktijken', begonnen in 1517, vond ook in de Nederlanden veel weerklank. De daaruit ontstane beweging van protestanten was heel divers. De dopersen (wederdopers, de latere doopsgezinden) waren aanvankelijk het talrijkst en het best georganiseerd; onder hen vielen ook de meeste slachtoffers van de roomse inquisitie. Pas rond 1560 begon het van oorsprong Franse calvinisme terrein te winnen. Tien jaar later was ook voor de lutheranen in de Nederlanden het pleit beslecht, zegt Martin van Wijngaarden.

'Er woedde een enorme discussie hoe de verschillende stromingen in het protestantisme zich mochten profileren. Willem van Oranje besloot toen het lutherse te laten voor wat het was en zich meer naar de calvinistische kant te begeven. Dat werd mede ingegeven door de leer van Calvijn dat je je in geloofszaken tegen de overheid mag verzetten. Calvijn voorzag daarmee de opstand tegen de koning van Spanje van een goddelijke legitimiteit. De calvinistische theologie werd nauw verbonden met het politieke lot van Nederland. God had een verbond gesloten met Abraham, Jakob, Mozes van het Israël van het Oude Testament, toen kwam Christus, en nu betrof het verbond de calvinistische kerk in het Israël van de Lage Landen, zo ongeveer. De calvinisten voelden zich uitverkoren. Tegen dit theocratisch zelfbewustzijn waren de andere kerkgenootschappen natuurlijk niet opgewassen. Vanaf toen ging het er in de discussie alleen nog om of en in hoeverre een calvinistisch land moest openstaan voor andere godsdiensten. Ieder individu had de vrijheid te geloven wat hij wilde, wat een unieke stellingname was in het Europa van die dagen. Maar in het openbaar bestuur mochten de lutheranen, rooms-katholieken en doopsgezinden officieel geen functie vervullen. Ze waren niet betrouwbaar genoeg, heette het. Ze werden gedoogd, maar hun kerken mochten niet opvallen.'

In Groningen hadden al vrij snel nadat Luther in 1517 zijn 95 stellingen op de kerkdeur in Wittenberg had gehamerd, verschillende geestelijken uit kloosters en parochies openlijk hun sympathie voor de 'ketterse' leer van Luther getoond, de eersten al in 1520. En het duurde tot 1594, zeventig jaar later, voordat het calvinisme, de leer der gereformeerden, ook in dit gewest het voor het zeggen kreeg. Dat was toen de stadhouders Maurits en zijn Friese neef Willem Lodewijk de stad Groningen veroverden op de roomse Spaansgezinden. Ze verordonneerden dat voortaan alleen de gereformeerde religie officieel 'geëxerceert' mocht worden. En daarmee was het gedaan met de kansen van het lutheranisme in Nederland.

Heel anders ging het toe in het Duitse Rijk en de Scandinavische landen. Dat die heel snel luthers zijn geworden, was een gevolg van de in 1555 gesloten Vrede van Augsburg. Daar kwam men het beginsel *cuius regio, illius et religio* overeen, wat zoveel wil zeggen als: in wiens gebied men woont, diens confessie zal men aanhangen. Dus wat de hertog was, moesten ook zijn onderdanen zijn. Zo kon het gebeuren dat in die landen de onderdanen op een ochtend als luthers wakker werden omdat in de voorafgaande nacht hun vorst zich om allerlei redenen, niet zelden politieke, daartoe bekeerd had. Van Wijngaarden: 'In de Nederlanden was dat ondenkbaar. Daar was het toentertijd één grote chaos. Bovendien had het humanisme van Erasmus zich al veel te krachtig doorgezet om in zaken van geweten zomaar iets van bovenaf te accepteren.'

Het mag ironisch heten, paradoxaal misschien, dat de nota bene uit Frankrijk afkomstige idee van erfzonde en predestinatie het Duitse, *lebensbejahende* lutheranisme heeft verdrongen uit Nederland.

Niet iedereen zal erotische levenslust ogenblikkelijk vereenzelvigen met Duitsland en de Duitse geest, zeker niet in een religieuze context. Maar denk dan ook eens aan de seksueel vrijmoedige Duitse mystica Hildegard von Bingen (1098-1179, abdis van een benedictijns klooster in Eibingen. 'Sibille van de Rijn' kreeg ze als bijnaam, en ook 'Profetessa Teutonica'. (In de klassieke oudheid was een sibille een vrouw die door een godheid, Apollo meestal, in extase raakte en spontaan in voorspellingen uitbarstte. De Teutonen waren een krijgshaftige Germaanse stam die slaags raakte met de Romeinen, het onderspit dolf en uit de geschiedenis verdween, maar mythisch voortleeft als een soort oer-Germanen – zie het eerste halfuur van de film *Gladiator*.)

De mystiek streeft naar eenwording van de ziel met God. Hildegard von Bingen betrok ook het lichaam daarbij. In elk geval in het Europa van de middeleeuwen was ze de eerste vrouw die een orgasme beschreef. Seksualiteit en erotiek waren ervaringen waarin ze de aanwezigheid van het goddelijke veronderstelde: 'Waar man en vrouw samenzijn, is God in hun midden.' Ze beleefde visioenen van haar eenwording met God en beschreef die in termen die seksueel al even weinig te raden overlieten als het Hooglied van Bach. 'Een druppelende honingraat was de maagd Ursula,/ verlangde het Lam Gods te omarmen,/ honing en melk onder zijn tong.'

Hildegard von Bingen was een geleerde en kunstzinnige Duitse vrouw, de eerste bij naam bekende vrouwelijke componist, en genoot tot in de hoogste kringen groot aanzien.

6

Fremdkörper in Paradies Zeeland

Het krantenrek van The Read Shop in Domburg biedt een keuze uit elf Duitse kranten, de meeste uit Noordrijn-Westfalen. Restaurant Wij-Twee op de hoek presenteert zich met schnitzel als 'specialiteit-van-het-huis', wel zeven soorten. Te midden van zoveel Duitse cultuur lees je de naam van restaurant In Den Walcherschen Dolphyn makkelijk op zijn Duits, te meer daar de gevel steen voor steen op zijn Duits lijkt te zijn gereconstrueerd naar een oudmodisch model. Maar de naamval zou fout zijn; het moet daarom iets Oudhollands zijn die naam.

Tussen geboomte in het centrum van de badplaats staat het borstbeeld van Johann Georg Mezger, de uit Duitse ouders geboren Amsterdamse arts en masseur van de Europese beau monde in de tweede helft van de negentiende eeuw. Zijn faam en bijnaam 'vorstenwrijver' verdiende hij eerst in het Amstel Hotel in Amsterdam, daarna in het al even gerenommeerde Hotel Des Indes in Den Haag. Vervolgens in Wiesbaden en Parijs. En ten slotte in Domburg, waar hij Villa Irma liet bouwen om er zijn hooggeplaatste gasten te behandelen en heilgymnastiek te laten beoefenen. Zijn vrouw was geboren in Middelburg, vandaar. Domburg dankt er tot de dag van vandaag zijn chique uitstraling aan.

Rijdend naar Middelburg, over een kustweg tussen bungalowparken aan de ene en campings aan de andere kant, langs de enorme dijk bij Westkapelle en door Zoutelande, kom ik in Biggekerke waar een buurtje de Duitse Bocht heet en waar aan de Koudekerkseweg Johanna Kruit en Henk Barentsen wonen. Beiden kijken met een mengeling van verwondering en ergernis naar de 'verduitsing' van hun 'eiland'.

Johanna Kruit schrijft kinderboeken en gedichten. Ze werd december 1940 geboren in Zoutelande en verhuisde in 1962 naar Biggekerke omdat ze met Henk Barentsen trouwde. Die verhuisde ook één keer in zijn leven: van de Koudekerkseweg 15, waar hij januari 1940 werd geboren, naar de woning acht meter ernaast. Hij is visser geweest, machinist op de trampvaart, lasser, boer, automonteur, fietsenmaker en, o ja, ook handelaar in antiek en curiosa.

Beiden hebben levendige herinneringen aan het einde van de oorlog. Johanna aan de geallieerde bommen op de Duitse bunkers in de duinen achter haar geboortehuis. Henk aan het bootje in de gang van het ouderlijk huis, vanwaar hij de trap opklom naar de tijdelijke woonkamer op zolder. Walcheren was door de geallieerde bombardementen, van onder meer de Westkapelse zeedijk, onder water gelopen. Bijna twee jaar nadat de Duitsers op Walcheren zich hadden overgegeven, werd Walcheren weer droog. Minder dan tien jaar later waren de Duitsers terug, nu als badgast in Paradies Zeeland.

Achteraf is dat Henk en Johanna enorm gaan verbazen. Niet zozeer dat, nog maar zo kort na de oorlog, zich alweer zoveel Duitsers op Walcheren lieten zien.

De Duitse economie had zich mede dankzij de Marshallhulp al heel gauw weer in gang gezet, en het is maar een paar uur rijden van het Ruhrgebied naar het dichtstbijzijnde strand, en dat is Zeeland. Nee, het verbazingwekkende was dat de Zeeuwen dat binnen een vloek en een zucht normaal waren gaan vinden, in elk geval zich razendsnel aanpasten aan de nieuwe omstandigheden.

Johanna: 'Mijn vader had een kantoorboekhandel in Zoutelande, met ook allerlei spullen voor de Duitse badgasten. Zijn protest vanuit de oorlog was dat hij geen Duits tegen hen sprak, maar hij hielp ze wel.'

Henk: 'Mijn strenggelovige moeder is tot haar dood anti-Duits gebleven. Ze had in de jaren zeventig een winkeltje hier. Als ze maar hoorde dat het moffen waren, stuurde ze hen haar winkeltje uit.'

Johanna: 'Je moeder was anti-alles.'

Henk: 'Als Pinksteren naderde en Duitsers op de bonnefooi naar Walcheren waren gekomen en langzaam door het dorp reden op zoek naar onderdak, stonden de mensen langs de weg te zwaaien: "Ik heb nog wel een Zimmer." En dan kon je ze 's zondags in de kerkbank horen fluisteren: "Hejje ok al burgers? Ik heb er drie!"'

Johanna: 'Wat meespeelde, was natuurlijk dat in de meeste families in Zoutelande geen doden en gewonden waren gevallen als gevolg van de oorlog. En de Duitse bezetting viel eigenlijk wel mee. Geen razzia's, geen deportaties van Joden.'

Henk: 'De misère begon pas met de geallieerde bommen op de dijk en de inundatie. Toen gingen er mensen dood en dingen kapot. Oom Bart kon zes jaar lang het land niet bewerken omdat het vol zat met zout. En toch direct weer bordjes 'Zimmer mit Frühstück' langs de kant van de weg. We vonden het heel normaal toen. Het ging de mensen natuurlijk om de munten. De moffen hadden al vrij snel weer geld te besteden, en hier was het nog heel lang een karige bedoening.'

Johanna: 'Ik had een Duits vriendje toen ik zestien, zeventien was. Dieter. Uit Bremen. Ik ben er nog eens wezen logeren. En met hem en zijn ouders ging ik mee kamperen in Frankrijk, Italië. Mocht allemaal van mijn ouders, mocht van mijn vader, die het verdomde Duits te praten in zijn winkel.'

Vóór de oorlog kende men op Walcheren alleen in Domburg toerisme van enige omvang, en dat waren over het algemeen lui van de deftige soort. Daar merkte men in bijvoorbeeld Biggekerke niks van. Nu bestaat de helft van het dorp uit import, hebben zoveel Duitsers er een tweede huis dat een straathoek er de Duitse Bocht heet.

Johanna: 'Ik was nog een bezienswaardigheid in 1962 toen ik met Henk trouwde en in Biggekerke kwam wonen. De gordijnen gingen opzij, er werd twee weken geluld op het dorp. Een buitenstaander uit Zoutelande, een buurdorp op minder dan drie kilometer nota bene. Toch opmerkelijk dat diezelfde mensen binnen de kortste keren de Duitsers binnenhaalden.'

Henk: 'Ja, maar die waren na twee weken wel weer opgedonderd!'

Johanna: 'Wat mij stoort aan Duitsers, is dat ze heel hard praten en zo alomtegenwoordig...'

Henk: '...nadrukkelijk...'

Johanna: '...zo nadrukkelijk aanwezig zijn. Als ik ga

wandelen of fietsen, dan hoor je ze al nog vóór je ze ziet. Ik doe dan wel eens [legt vinger op de lippen]: Ssssst.'

Henk: 'Ik geloof wel dat dat iets verminderd is de afgelopen twintig jaar. Brabers kunnen ook heel luidruchtig zijn.'

Johanna: 'Ja, Brabers ook.'

Brabers zijn Brabanders, in tal en last na de Duitsers de tweede categorie toeristen op Walcheren.

De cijfers voor geheel Zeeland in 2014 zijn: 1.276.000 Nederlandse en 1.027.000 buitenlandse gasten. Van die laatsten waren 641.000 afkomstig uit Duitsland (17 procent meer dan het jaar daarvoor) en 314.000 uit België (16 procent meer dan in 2013). Niet meegeteld zijn de bezoekers die in Zeeland een tweede woning bezitten of een stacaravan.

Het zijn niet zozeer de Duitsers die Henk en Johanna ergeren als wel toerisme en toeristen in het algemeen. Omdat die zo vaak een verloederende uitwerking hebben. Op de samenleving van de *Gastgeber*: men verdient al te makkelijk zijn geld; het is de toerist die totalitair de fysieke en mentale omgeving bepaalt. En op het landschap. Dat van Walcheren is vergeven van de grote en kleine (boeren)campings, recreatieverblijven, tweede huizen die het grootste deel van het jaar leegstaan, en van de bungalowparken.

Vooral die laatste, de parken met binnen de slagbomen tussen de 200 tot 300 grotendeels identieke bungalows, supermarkt, kapper en wellnesscentrum, zijn een doorn in hun oog. 'Op de hoek staan nog net geen wachttorens,' zegt Henk, 'voor de rest zijn het kampen.' Duitsers schijnen ervan te houden, en dus heeft Roompot er 'van hier tot Goeree' nog vijf kampen meer gepland.

In 1985 verklaarde gedeputeerde Van Dijke bij gelegenheid van de opening van zo'n park: 'Zeeland is vol. Dit is het laatste, kunnen we nu wel zeggen.' Heel de toeristenbranche viel over hem heen, maar het bestuur bleef standvastig: *Schluss* met nieuwe projecten, alleen wat nog in de pijplijn zat mocht nog. Henk: 'Dertig jaar later spuit de pijplijn nog steeds.'

Tussen 1970 en 1985 exploiteerden Henk en Johanna een winkel voor antiek en curiosa in de garageschuur achter de woning. Specialisme van het huis, zelfs nationaal een specialisme, waren jugendstiltegels uit Duitsland. Vooral Duitse klanten kwamen erop af, en menigeen van hen werd door Henk de winkel uit gestuurd. Niet omdat ze Duitser waren, zoals zijn moeder deed, maar omdat ze zich als toerist opdringerig of anderszins aanmatigend gedroegen. Bij de ingang van de winkel hing een briefje waarop stond: 'Kijk met de ogen, niet met de handen.' Zit er toch een Duitse dame aan een net gepoetste koperen ketel. Ja maar, zegt ze, 'wat *schön* is moet je ook voelen.' Zegt Henk: 'Ik vind u heel *schön*, maar ik zit toch ook niet aan u. Vort, de winkel uit.'

Johanna: 'We hadden anders veel geld kunnen verdienen.'

Henk: 'Zo was er een Duitse vrouw die ik eruit gestuurd had en die kreeg iets met de frietbakker van Biggekerke en trouwde met hem. Ze kwam een keer met haar en mijn frietbakker in de winkel toen kennelijk mijn muts anders stond en ik haar netjes en beleefd tegemoet trad. "Ken je me nog?" vroeg ze. "Ik weet dat je de vrouw van Bram bent," zei ik, "maar veel meer niet." Nou zus en zo, zegt ze, "en ik ben toen uit je winkel gezet". Ik zei: "Sorry." Zij zegt: "Ach, ik begrijp het wel."'

In die tijd werd er een ringweg aangelegd rond Biggekerke, waardoor potentiële klanten niet meer als vanzelf geattendeerd werden op hun winkel met antiek en Duitse tegels en de toeloop aanmerkelijk terugliep. Henk besloot daarom dat hij een beurs ging doen in Duitsland. Hij had er nooit eerder naartoe gewild, naar Duitsland, ook niet op vakantie. 's Nachts in de buurt van Düsseldorf zette hij zijn auto even stil op de pechstrook om op de kaart te kijken hoe hij het best de stad kon binnengaan. Stopt er een auto achter hem, waaruit een vent stapt die vraagt: '*Panne, brauchen Sie Hilfe?*'

Henk: 'Ik zeg: "Nee, maar bedankt." Hij wenst me een goede nacht en zegt: "*Tschüss.*" Beleefd hoor. Heel anders dan ik dacht met die moffen. Ik moest mijn mening herzien.'

7

Geil en goedburgerlijk aan de Wibautstraat

Behalve 'lelijkste straat van Amsterdam' werd de Wibautstraat ook wel Stalinallee genoemd. Naar de modelstraat in Oost-Berlijn die de wereld moest imponeren en overtuigen van de voortreffelijkheid van de communistische DDR. Brede straten allebei, bedoeld om het autoverkeer rechttoerechtaan tot in het binnenste van de stad te laten doorstromen. Beide straten omzoomd door massieve bouwblokken: 'woonpaleizen' in Berlijn voor de socialistische modelarbeider, in Amsterdam vooral kantoren. Beide straten waren uitdrukking van het modernistische vooruitgangsdenken in het midden van de vorige eeuw. En veel veranderden ze daarna niet, althans fysiek niet. De voormalige Stalinallee ging er net zo verkommerd en *altmodisch* uitzien als het complete DDR-systeem bleek te zijn. De Wibautstraat raakte een aantal gezichtsbepalende bedrijven kwijt, waaronder de kranten *Trouw*, *Het Parool*, *de Volkskrant*, en vond zichzelf deels opnieuw uit als campus van de Hogeschool van Amsterdam.

De Stalinallee heet nu Karl-Marx-Allee, de Wibautstraat Avenue Wibaut. Dat staat tenminste boven de ingang van het voormalige Volkskrantgebouw: Avenue Wibaut 150. De hoge ruimte achter het glas heeft niets van de traditionele lobby van een hotel, dat het pand wel degelijk is. Grand café, leestafels, hangplekken, rumoer van veel volk. Daar horen ook de grafisch vormgevers, muzikanten, flexwerkers, fotografen en andere creatievelingen bij die hun ateliers hebben in de grote achterhal, waar ooit een drukpers stond en papierrollen lagen. In de kelder huist een theaterbar in jarenvijftigstijl. Helemaal bovenin, waar vroeger de kantine van de krant was, zit nu Canvas: club en restaurant met rondom uitzicht over Amsterdam en hottubs op het dakterras. De zes etages ertussen, waar tot 2007 de redactie en ondersteunende afdelingen van *de Volkskrant* verbleven, zijn verbouwd tot 172 hotelkamers, deels met interieurs die verwijzen naar het krantenverleden.

Job Heimans (1973), eigenaar van het Volkshotel, liet zich rechtstreeks inspireren door een voorbeeld in Berlijn. Hij is geboren in Arnhem en was eerder internetondernemer. Nadia Duinker (1987), met haar vriend Thijs Timmers (33) eigenaar van Canvas, schiep er een Berlijnse sfeer zonder zich daarvan bewust te zijn. Haar Duitse moeder en haar Nederlandse vader leerden elkaar in het Verre Oosten kennen. Nadia groeide op in Limburg, studeerde bedrijfskunde aan de Universiteit van Amsterdam. 'Als kind was ik niet trots half-Duits te zijn.'

Op zoek naar lucratief vastgoed in Berlijn leerde Job Heimans de stad kennen door telkens in een ander hotel in een andere wijk te slapen. Zo kwam hij in het Michelberger Hotel aan de Warschauer Strasse in de wijk Friedrichshain. Aan de andere, de westelijke kant van de Spree ligt Kreuzberg. Ertussen staat de East Side Gallery, een rij beschilderde stukken van de Berlijnse Muur. Eén ervan houdt de herinnering levend aan de socialistische broederkus-plat-op-de-bek van Gorbatsjov en Honecker ter viering van het veertigjarig bestaan van de Deutsche Demokratische Republik. Een maand later viel de Muur.

Het is nog altijd rauw aan de oostkant van de Spree: vervallen industriegebied, afbraak, lukrake nieuwbouw, het tegendeel van planologie. Het beeldende Duitse woord ervoor is *Umbruch*: ommekeer, ingrijpende verandering. Internationale producenten van films en tv-series gebruiken de Oost-Berlijnse DDR-erfenis graag voor scènes met terrorisme- en antiterrorisme-acties en Palestijnse vluchtelingenkampen.

Een oud en nog redelijk intact fabrieksgebouw is daar door Tom Michelberger met vrienden omgebouwd tot een hotel waar hij met diezelfde vrienden graag zou willen wonen, zo'n principe. '*Cosy café, library, work of art, hangout hotel*', aldus de Travel-recensent van *The Telegraph*. Daar checkte Job Heimans een keer in. Waarna hij in Amsterdam op zoek ging naar een pand waar iets vergelijkbaars op te zetten viel. Het werd het Volkskrantgebouw. Dat had na het vertrek van de krant tijdelijk, en onder de vleugels van de Stichting Urban Resort, als 'broedplaats' gefungeerd voor kunstenaars en creatieve ondernemers. In diezelfde tijdelijkheid kwam aan de overkant, op het terrein van de twee andere Perscombinatiekranten, Club Trouw tot bloei en restaurant Baut. Dit restaurant keerde terug nadat de Parooltoren en het Trouwpand omgebouwd waren tot 573 kamers van The Student Hotel. Als de winter eenmaal voorbij is, verschijnen langs de verkeersader die de Wibautstraat is gebleven, de ruime terrassen met daarbij – zo mag je hopen en verwachten –

aan de zijkant nog vele jaren een Biergarten in het groen.

Het creatieve in en van het Michelberger Hotel beviel Job Heimans zeer. 'De vrije manier van hotel en horeca bedrijven. Met weinig middelen iets doen. Gevoel voor esthetiek. Een vriend van me zei na de tiende kroeg in Berlijn: "Het is hergebruik van wat bij oma stond, ouwe meuk, bijna altijd ook een oude schemerlamp, maar je kunt het zo neerzetten of combineren dat het mooi is en je er warm van wordt."'

Zowel goedburgerlijk als *geil*, Duits voor opwindend. Het goedburgerlijke van de huiskamer (de staande schemerlamp!) gecombineerd met de grotewereldopwinding van het hotel, een formule die het fenomeen Airbnb serieuze concurrentie moet aandoen.

Die sfeer, een klein beetje Berlijn, heerste er al in Canvas, zag Job Heimans toen hij aan de Wibautstraat kwam kijken en hij vroeg Thijs en Nadia of ze het leuk vonden het samen met hem te doen.

'Ja,' zegt Nadia Duinker, 'die vergelijking met Berlijn werd vaker gemaakt, maar ik had geen idee.'

Een idee van Berlijn had ze wel, want er woonde familie van haar Duitse moeder en ze was er wel eens geweest. Maar een Berlijnse sféér? Toen men het bleef zeggen over Canvas en het vervolgens ook ging beweren over Roest, het café-restaurant annex club/creatieve vrijplaats dat zij en haar vriend Thijs in het voormalige Koud Gas Gebouw op de Jacob Bontiusplaats in Amsterdam-Oost begonnen, zijn ze naar Berlijn gereden om te zien wat het nou was waardoor iedereen Canvas en Roest met Berlijn vergelijkt.

Het had, denkt Nadia, vooral met een bepaalde tijdgeest te maken. 'Crisisjaren, leegstand, allerlei bouwprojecten die uitgesteld werden. Creatievelingen krijgen dan de ruimte om tijdelijke projecten op te zetten. Omdat tijdelijkheid altijd gepaard gaat met weinig geld, ben je wel gedwongen creatief met je budget om te gaan. Ik denk dat daardoor een sfeer ontstaat die men koppelt aan Berlijn.'

Geen van beiden heeft een krakersverleden, ook niet in de persoon van een vader of een moeder. Thijs overigens wel, hij groeide op in een kraakpand. Maar ze borduren met hun projecten zeker voort op een kernpunt van de kraakbeweging: het organiseren van een nieuwe bestemming, tijdelijk of permanent, voor gebouwen die hun eerdere functie verloren hebben en daarom op de slooplijst staan. Dat ging in de jaren tachtig vaak dwars in tegen de plannen van het bevoegd gezag, waardoor het kraken van lege gebouwen bijna altijd illegaal was en niet zelden gewelddadig. Dertig jaar later gebeurt het in nauwe samenwerking met gemeentelijke instanties als Bureau Broedplaats en door meer of minder professionele creatievelingen en ondernemers. 'Kraken met een koud biertje in de hand,' zoals de uitbater van de tijdelijke Club Trouw (house en techno) het noemde. Net zo tijdelijk was de eerste nieuwe bestemming van het lege Volkskrantgebouw. Tienduizend vierkante meter broedplaats voor allerhande creatieve types met goede ideeën en weinig geld, die in de beste tradities van de kraakbeweging er een voor elke verdieping afzonderlijke, op anarchistische leest geschoeide, vorm van zelfbestuur op na hielden.

Ook Berlijn kende (en kent na de eenwording opnieuw) veel leegstand van voorheen industriële gebouwen. Ook Berlijn kende een roemruchte kraakbeweging. En ook Berlijn werd geteisterd door harde confrontaties tussen politie en krakers. In Amsterdam vormden de Nieuwmarktrellen in 1975 de opmaat tot wat naderhand veel weg had van een stadsoorlog. In Berlijn vond vijf jaar later de *'Schlacht am Fraenkelufer'* plaats. Het was het sluitstuk van een jarenlange strijd tegen onteigeningen, leegstand en het daarmee gepaard gaande verval van een deel van Kreuzberg ter wille van een nieuwe autoweg naar hartje Berlijn. O parallellie. Bij de Nieuwmarkt ging het om de bouw van een metrobuis en daarop een nieuwe autoweg, bedoeld als laatste deel van de verkeersader Wibautstraat en Weesperstraat naar hartje Amsterdam.

Het Berlijnse Michelberger Hotel was de inspiratie voor het Volkshotel, maar ze hebben er in Amsterdam een eigen variant van gemaakt. Job Heimans: 'Wij doen veel meer programma's: voorstellingen, exposities. En de broedplaats is onderdeel van het totaalconcept.' Dat betreft de tachtig studio's en ateliers in de laagbouw, waar in de vroege Volkskranttijd de zetterij was en de pers stond. Mede dankzij de inbreng van die creatievelingen is het Volkshotel 'wat rauwer, losser en minder perfectionistisch dan het Michelberger'.

En Canvas? Nadia Duinker: 'Canvas is een doorlopende metamorfose. Van ontbijt naar lunch naar cocktail naar diner, en naar clubavonden in het weekeinde. De ruimte transformeert voortdurend. We zijn niet chic, niet pretentieus. Iedereen is welkom en gaat zo veel mogelijk zijn eigen gang. Roest was een verlaten niemandsland en is als een soort dorpje voor een bepaalde periode opgezet. In alle tijdelijkheid en dus met heel weinig middelen opgeknapt, waardoor veel van de authenticiteit van het pand behouden is gebleven. De enorme ruimte maakt het mogelijk allerlei gekke dingen te doen. Dat hoort ook allemaal bij Berlijn, heb ik begrepen.'

Job Heimans: 'Bij het liberale Berlijn.'

Nadia Duinker: 'Een soort anarchisme, een gevoel van vrijheid.'

Job Heimans: 'Het aparte van Berlijn is dat daar nog zo heel veel kan.'

Nadia Duinker: 'Onbestemdheid, dat is het.'

8

Heimat: heimwee naar grootmoeders tijd

Waar ze ook staan en hoe ze ook heten, *regional museum* in Engeland, *musée régional* in Frankrijk, streekmuseum in Nederland, het zijn allemaal *Heimatmusea* (zoals ze in Duitsland heten). *Heimat* is het onvertaalbare Duitse begrip voor geboortestreek, land van herkomst. Iets ruimer gedefinieerd: de omgeving waarin je je thuis en vertrouwd voelt, alsof je er bent opgegroeid en waar je altijd naar terugverlangt. Een verlangen naar huis, heimwee. '*Let's go home,*' zegt de held altijd op het eind van een Hollywood-film nadat hij zichzelf en een ander gered heeft uit iets neteligs in de boze buitenwereld. Dit *home*, die Heimat, het 'thuis' – voor ons allemaal schijnt het iets te zijn van tussen pakweg 1900 en 1950 en gesitueerd in een agrarische omgeving, althans volgens de streekmusea. Terwijl in diezelfde tijd alles in de wereld woelde om verandering: fascisme, nazisme, socialisme, feminisme, twee wereldoorlogen, modernisme en constructivisme in kunst en architectuur, industriële revolutie, de dood van God, tonen de Heimatmusea ons de wereld van Swiebertje, Bromsnor, Saartje, de burgemeester en de baron – in 2013 door het Nederlandse volk gekozen tot een van de drie beste programma's van de Nederlandse televisie ooit.

Op weg naar Ootmarsum passeer ik op de A1 een

Duitse vrachtwagen met spullen voor *Heimtiere*. Ootmarsum is een Twents stadje tegen de Duitse grens aan. Het was de zetel van de hofmeier die de wijde omgeving bestuurde en er recht sprak. Er zijn zes galeries, nog meer boetieks en andere lifestyle-shops. In 2015 namen aan de jaarlijkse kunstmarkt 225 kunstenaars deel. De straatjes zijn er ingelegd met keitjes. In de voorkamer van de pastoor aan het Kerkplein hangt een vaandel van de R.K. Boerinnenbond. Tussen de eerste zondag van advent en Driekoningen blaast men er midwinterhoorn. Op eerste paasdag houden de *Poaskearls*, acht ongetrouwde katholieke jonge mannen, de traditie van het *vlöggeln* in ere: mensen haken de handen in elkaar en lopen paasliederen zingend in een lange slinger door het historische centrum en wanneer de zon onder is, steken ze het paasvuur aan.

Ootmarsum is wat je noemt een rustiek stadje, met net buiten de vroegere omwalling een museumpark. Op een terrein van 17.000 vierkante meter zijn daar in en rond achttien authentieke gebouwen en huisjes het leven en het Twente van rond de vorige eeuwwisseling uitgestald. Een veeschuur, een wagenschuur, een los hoes natuurlijk, een kapschuur met landbouwwerktuigen, een schaapskooi, een bijenstal, een smidse. Alles zoals het was: met bedsteden, gordijntjes, potten en pannen, petroleumlamp, wastobbe, koffiekopjes, gereedschappen, werktuigen, waterput en hooiberg. Er is bijna niets dat ik niet herken uit mijn vroege jeugd in een boerendorpje in Groningen. Bijna alles kan ik, met andere woorden, *thuis*brengen.

Ruim honderd vrijwilligers zijn werkzaam voor het openluchtmuseum, vertelt Ties van Kerkhoff. Mensen die kunnen loodgieten, schilderen, grasmaaien, rondleiden, een bouwploeg. Zelf staat hij achter de receptie. Hij was notaris in Ootmarsum, is inmiddels de 86 voorbij, lid van de Vereniging Heemkunde en op zaterdagmiddag ook vrijwilliger in het Onderwijsmuseum van Ootmarsum. 'Zo besteed ik mijn tijd tenminste nuttig.'

De twee dames van de administratie zijn de enige beroepskrachten. Zij hebben de cijfers: 40.000 bezoekers per jaar, van wie een kleine 10.000 afkomen op evenementen als Streektaalfestival, Bijbels Kerstspel, Flora- en Nostalgisch Festijn, folkloristisch dansen bij Duitse draaiorgels, oud-Hollandse spelletjes, demonstraties oude ambachten en boerenwerk, oogstfeest, recepten uit oma's keuken, zelfs een keer een heus zigeunerkamp. 'Alles van vroeger, zou je kunnen zeggen. En alles zonder een cent subsidie.' 5 procent van de bezoekers is Duits. Met Heimatverenigingen aan de andere kant van de grens is er ad-hocsamenwerking en ze spreken dan Platduuts met elkaar, een dialect *ähnlich* aan het Twents van Ootmarsum.

In het Engels wordt het nostalgische sentiment uitgedrukt door *times gone by*. De titel van de Engelse folder van het streekmuseum luidt dan ook: *Back to times gone by*.

Twente is het land van beschuit van Bolletje, bier van Grolsch en het heimwee van Willem Wilmink. Hij schreef een gedicht met die titel waarvan de laatste strofe luidt:

Heimwee... hoe komt iemand erbij
als hij nog woont in 't huis waar hij
geboren is?

Wat is er dat hem denken doet
Dat iets heel dierbaars al voorgoed
verloren is?

Willem Wilmink stierf in 2003 in hetzelfde huis in de Javastraat te Enschede als waar hij in 1936 geboren was. Tussendoor studeerde hij Nederlands in Amsterdam en doceerde dat vak daar aan de universiteit, speelde in het café op zijn trekharmonica, maar hij verging van heimwee en moest terug naar het land *seiner Sehnsucht*. Zijn as is verstrooid over de Kuiperberg in Ootmarsum, waar hij in 1944 een tijdje verbleef en (ook) altijd naar terugverlangde, want 'daar was de oorlog niet'. Vriend en streekgenoot Herman Finkers noemde het 'het Arcadië van Willem Wilmink'. Hij heeft er nu een gedenkteken in de vorm van twee ligbedden van Bentheimer zandsteen en een boek van glas op een sokkel.

Twente is het land van de nog reëel existerende adel en adellijke landgoederen. En van de erven. In het beeld van het landschap van Twente (en de Achterhoek) is de herinnering aan een gefeodaliseerde samenleving tot op de dag van vandaag bewaard gebleven, aldus de historisch geograaf prof. dr. H.J. Keuning in het boek *Kaleidoscoop der Nederlandse landschappen* (1979). In Twente wist de bisschop van Utrecht zich lang te handhaven als grootste machthebber en grondbezitter; in de Achterhoek was dat de hertog van Gelre. Deze en andere heren als de graven van Bentheim en Solms richtten hoven (curtes) in, boerderijen van waaruit het landheerlijke bezit werd bestuurd, zoals door de hofmeier in Ootmarsum. Later, in de veertiende en vijftiende eeuw, toen er marke-organisaties ontstonden voor het gemeenschappelijk beheer van de nog woest gebleven gronden, gebeurde dat vanuit zogeheten scholtenhoeven – 'scholte' is de vertegenwoordiger van de grondheer – die het administratieve centrum werden van de marke. Keuning: 'Landschappelijk kenmerkt dit gebied, Twente en de Achterhoek, zich door de aanwezigheid van een aantal verspreid liggende grote boerderijen, de scholtenhoeven, te midden van een groter of kleiner aantal eveneens verspreid gelegen kleine bedrijven, waarvan de meeste oorspronkelijk horige of pachthoeven waren, behorende tot een scholtenhoeve.'

Aan de invloed van de feodalisering in deze gebieden moet volgens Keuning 'niet al te zwaar' worden getild. De adellijke bezittingen lagen te verspreid om maximale feodale macht uit te oefenen. Horige boeren werden al gauw reguliere pachtboeren, en er ontstond een stand van kleine boeren. Door de verspreide bewoning en individuele bedrijfsvoering was het buurtschapsverband niet al te hecht, wat het vreemden makkelijker maakte zich er te vestigen. Het markeverband was ook minder stringent dan bijvoorbeeld in Drenthe, zodat men in Twente ook eerder overging tot splitsing van een hoeve, een erve, met een daarbij aangepast gebruik van de gemeenschappelijke markegrond. Het voorvoegsel Klein duidt op zo'n afsplitsing: Klein Buursink naast Groot Buursink, Klein en Groot Wansink, Klein en Groot Obbink.

Dit wetende, herken je de geschiedenis in het landschap. Naar binnen gekeerd landschap is het en dat komt door de erven, die met hun verzameling ordeloos gegroepeerde gebouwen elk op zich een buurtschap lijken, omgeven door geboomte dat ze afschermt van de boze buitenwereld. Daar is men thuis, daar is men heer op het eigen erve, als het even kan onafhankelijk van wie dan ook, zelfvoorzienend. Als het waar is dat iedere Twentenaar in oorsprong afkomstig is van zo'n erve, moet het erve ook een voorname sleutel zijn tot zijn ziel. Dan begrijp je misschien de streekgebondenheid en het heimwee van overtuigde oosterlingen als Bennie Jolink van boerenrockgroep Normaal, cabaretier Herman Finkers en dichter/schrijver/muzikant Willem Wilmink, voor wie de Javastraat zijn erve was.

Heimwee is een van oorsprong Duits-Zwitserse aanduiding (*Heimweh*) uit de zestiende eeuw voor het wanhopig verlangen naar huis, waaraan Zwitserse huursoldaten in den vreemde leden. Een medische aandoening, voor het eerst beschreven door Johannes Hofer in een traktaat met de titel *De nostalgia oder heimwehe* (1688). Onder die naam, nostalgie, zou tot aan de twintigste eeuw heimwee als een serieuze ziekte beschouwd blijven, met symptomen als verlies van eetlust, slapeloosheid, apathie, somberheid, terug naar huis willen.

Plien van Albada studeerde er in 1989 op af aan de Universiteit van Amsterdam. De historica (nu uitgeefster bij Balans) vatte haar doctoraalscriptie over het verlangen naar huis samen voor een bijdrage aan het boek *Heimwee – Een anatomie van het verlangen naar elders*, die ze als volgt besluit: 'Immanuel Kant schreef al in 1798 dat vele nostalgiepatiënten ook na terugkeer in hun vertrouwde omgeving nog ongelukkig bleven. Mensen en dingen bleken intussen veranderd en beantwoordden niet meer aan het beeld dat de nostalgicus zo lang had gekoesterd. Kant geloofde dan ook dat de heimweezieke niet zozeer terugverlangde naar de plaats van zijn jeugd, maar naar zijn jeugd zelf. Hij streefde in feite naar iets wat voor altijd buiten zijn bereik lag – een gedachte die ruim een eeuw later door Freud en anderen verder werd uitgewerkt. Het verlangen naar terugkeer binnen de eigen levensgeschiedenis, en de onmogelijkheid daarvan, leidde tot psychologische begrippen als regressie, fixatie en een gebrek aan aanpassing. Niet langer is nostalgie een ernstige ziekte die voortkomt uit het verlangen naar huis. Onze huidige voorstelling ervan komt neer op een verhoudingsgewijs mild, idealiserend, maar tegelijk zinloos verlangen naar vroeger. *The past is a foreign country*, om met L.P. Hartley te spreken. *They do things differently there.*'

Een trekpleister vanjewelste tussen alle andere aantrekkelijkheden van Berlijn is het DDR-Museum, waar je dezelfde sensatie overvalt als in ieder Heimat(streek-)museum. Het is gevestigd in het hart van de stad, hoek Karl-Liebknecht-Strasse en de Spree. In een enigszins benauwende en meestal overvolle kelderruimte geeft het aan de hand van dagelijkse gebruiksvoorwerpen (van theekopjes tot Trabant), interieurs, documenten, maquettes, interactieve media een compact beeld van het *Alltagsleben* in de 'eerste socialistische arbeiders- en boerenstaat op Duitse bodem'. Hoewel die het volhield tot 1989, oogt en ademt alles verpletterend jaren vijftig. Vormgeving, kleding, materialen, haardracht en gebit van DDR-burgers op foto en film, het vertoon van eendracht, knusse huiselijkheid en autarkie, zelfgenoegzaamheid, alles. Het alledaagse, door muur en prikkeldraad van de onrustbarende buitenwereld afgeschermde bestaan op het DDR-erve was simpel, vertrouwd en onbeweeglijk, en geluk was er nog heel gewoon. Zoals in een andere tijd dezelfde illusie wordt opgediend en gevierd door middel van tv-programma's als *Boer zoekt vrouw* en *Heel Holland bakt*. Televisie zal zich makkelijk aanpassen, maar hoe zullen over twintig, dertig, vijftig jaar de streekmusea eruitzien? Hebben de toekomstige generaties dan een eigen idee van een voorbije, o en voorgoed voorbije grootmoeders tijd? Een heel ander Heimatverlangen? Of is dat voor altijd gefixeerd op iets plattelands van tussen 1900 en 1950?

9

Imbiss en de Wende aan het Van der Helstplein

Uit liefde voor een Egyptische Amsterdammer kwam Susanne Schmitt vanuit een klein dorpje bij Saarbrücken naar Nederland. In 1987 was dat. Pas in de zomer van 2015 opende ze haar eigen Duits eethuisje in Amsterdam. Nu lijkt het raar dat zij met haar ervaring in de horeca en economische achtergrond zo lang wachtte voordat ze eraan begon, maar dat is achteraf. Het kwam al die tijd niet eens in haar op, laat staan dat ze het gedurfd zou hebben. Het 'antisentiment' omtrent Duitsland en de Duitsers was er gewoon veel te sterk voor, te vanzelfsprekend eigenlijk.

'Ik was een jong Duits meisje van eenentwintig toen ik hier kwam. Naïef, plattelands en van de generatie *peace, love and happiness*. Alle mensen zouden mij aardig vinden, dacht ik, vooral in het *open-minded* en tolerante Amsterdam.' In het restaurant waar ze werkte, bleek haar Duits getoonzette Nederlands een eerste struikelblok. Ook als ze het in het Engels probeerde, kon ze haar afkomst niet verbloemen. En dan kon het gebeuren dat ze achter haar rug hoorde mompelen: 'Rotmof, rot op.' Naarmate ze het Nederlands beter onder de knie kreeg, ebde dat weg. Wat ook scheelde, was dat ze met haar gezin naar Medemblik verhuisde, waar ze minder van het anti-Duitse sentiment merkte dan in

Amsterdam. Maar toch, familie en vrienden die op bezoek waren, overkwam het met enige regelmaat dat ze hun auto met Duits kenteken 's ochtends bekrast terugvonden, zelfs een keer van alle banden ontdaan en op bakstenen neergezet.

'Ik begrijp het natuurlijk wel,' zegt ze, 'met alles wat in de oorlog gebeurd is en wat er daarna nog allemaal over bekend werd. Ik heb me heel lang geschaamd voor mijn Duitse afkomst.' Ze zag er altijd tegen op wanneer er weer een voetbalconfrontatie tussen Nederland en Duitsland in aantocht was. Voor het Nederlandse volkslied dat ze bij die gelegenheden hoorde, is ze naar de bibliotheek gegaan ('er was toen nog geen internet') om te begrijpen waar dat 'van Duytschen Bloedt' op sloeg van die Wilhelmus van Nassouwe.

En dan zomaar die omslag in de appreciatie van Duitsland, een Nederlandse *Wende*, het 'verbluft' haar nog steeds. Een jaar of vier, vijf geleden begon ze er voor het eerst iets van te merken. Aan de Duitse muziek die ze meer en vaker dan voorheen op de Nederlandse radio en in cafés hoorde. De Söhne Mannheims (*Geh davon aus*), Peter Fox (*Haus am See*), Herbert Grönemeyer (*Mensch*), en van iets oudere datum Nena (*99 Luftballons*), Nina Hagen met Herman Brood en *Panikrocker* Udo Lindenberg met Ellen ten Damme. De sfeer op straat en in de horeca werd beter. Wat ook te danken was aan de Duitse bezoekers, vooral die van de jongere generatie, die kosmopolitischer zijn en meer talen spreken. 'Zij gaan er niet meer als vanzelf van uit dat iedereen het Duits maar moet kunnen begrijpen, wat onbeschoft kan overkomen. Nu vragen ze vaak: "Kunt u me verstaan als ik Duits spreek?"'

Twee jaar geleden, in 2013, begon het plan te rijpen voor een eigen zaak in Amsterdam. Familie in Duitsland die ze erover vertelde, zei: 'Nu durf je wel. Wat is er veranderd in Nederland?' Jonge mensen met wie ze overlegde over zaken als inrichting, leveranciers en dergelijke, moedigden haar aan om er – ter onderscheiding van het overige aanbod aan horeca – een expliciet Duitse zaak van te maken. Met typisch Duits eten en drinken en met een Duitse naam op de gevel. Ze vond een pand in de hippe Amsterdamse wijk De Pijp, aan het Van der Helstplein, dat met zijn hoge bomen haar aan een Frans pleintje doet denken, zoals ze tijdens haar jeugd in het Saarland aantrof aan de andere kant van de grens. Het zou ook een plein hebben kunnen zijn in de überhippe wijk Prenzlauer Berg in Berlijn.

Het eethuis, 'eigenlijk een wat luxere *Imbiss*', heet 'Brezel & Bratwurst' ('Duits streetfood') en dat kan er ook gegeten worden. *Bockwurst*, *Curryworst* en *Bratwurst* met brood, friet of linzen. Het plan is de kaart geleidelijk uit te breiden met meer soorten worst, met *Spätzle* (eierpasta), *Maultasche* (pasta gevuld met een rijk gehaktmengsel, een soort ravioli maar groter), *Flammkuchen* (bodem van dun brooddeeg en daarop crème fraîche, kwark, ui, spekreepjes en eventueel kwark) en *Sauerkraut* (zuurkool). Het zijn voornamelijk specialiteiten uit Zuidwest-Duitsland en het aangrenzende buitenland. Al het vlees is biologisch en wordt geleverd door Bio-Metzgerei Weller te Assweiler in Saarland. Uiteraard zijn ook de bieren Duits – behalve Heineken 'voor de toeristen'. En straks wil ze naast de 'gewone' ook VDP-wijnen aanbieden, wijnen met de *Traubenadler*, de adelaar met een tros druiven in zijn bek als merkteken van Duitse kwaliteit.

Nog regelmatig vraagt Susanne Schmitt zich verbaasd af hoe dat anti-Duitse sentiment zo heeft kunnen omslaan in Nederland. Algehele opluchting na de val van de Muur? Een effect van de populariteit van Berlijn? De persoon van de Duitse bondskanselier, het feit dat ze vrouw is, bescheiden en van Oost-Duitse herkomst? Duitsland de machtigste natie in Europa? Dat mag allemaal wel zo wezen, maar een factor zal ook zijn dat de Duitsers van nu niet de Duitsers van vroeger zijn. 'Prins Claus werd ook een geliefde Duitser in Nederland.'

Het zijn er nog niet zoveel, Duitse café-restaurants in Nederland, maar uitzonderlijk is hun verschijning niet meer. Behalve 'Brezel & Bratwurst' ook het 'Wurst & Schnitzelhaus' in Amsterdam, 'Kartoffel' in Utrecht, 'Zum Radschlager' in Noordwijk, in Joure 'Die Gaststube', in Groningen 'De Naberhof', 'Het Schwarzwald' in Rijssen; een paar met Tirol in de naam, onder andere in Zandvoort, Den Helder en Heino (Overijssel). En in Den Haag bij het vernieuwde Centraal Station een vestiging van 'Käfer', in oktober 2014 geopend door de Duitse ambassadeur in Nederland. 'Feinkost Käfer' is een gerenommeerd delicatessenbedrijf te München. Het zorgt voor de catering van de Bondsdag in Berlijn, het bedient de gastronomische reizigers op de luchthavens van Frankfurt, München en Sjanghai en de bezoekers van Art Basel. De allerduurste biertent op de Theresienwiese tijdens het Oktoberfest in München is van Käfer. De Duitse zakenelite reserveert er vaak al jaren van tevoren tafels en volgens *Welt am Sonntag* kan (de doorverkoop van) een tafelreservering in de Käfertent tot wel 20.000 euro oplopen.

'Käfer brengt worstcultuur naar Nederland,' zette het *Reformatorisch Dagblad* als kop boven het bericht over de opening van Käfer German Kitchen in Den Haag. En het citeerde Casper van het Hof, CEO Käfer Hospitality International GmbH, wiens doel het is de Duitse keuken ook buiten de Duitse landsgrenzen onder de aandacht te brengen, te beginnen in Nederland. 'Het gaat om typisch Beierse producten die wij zelf maken. De worstcultuur staat hierbij centraal. Denk aan de Thüringer worsten, Frankfurters, *Weisswürste*, *Nürnberger Bratwürste* en *Bayerische Bratwürste*.' Na Den Haag moeten ook op Amsterdam CS en Rotterdam CS Käfers komen, en vervolgens wil CEO Van het Hof de nieuwe Duitse bistroformule 'uitrollen' over knooppunten in de rest van de wereld.

Worst mag, in welke variëteit dan ook, zich niet verheugen op veel aanzien in het internationale culidom, en helemaal niet als hij op straat bereid en genuttigd wordt. Maar loop dan eens rond in het Deutsches Historisches Museum op een expositie over het alledaagse Berlijnse leven tussen de twee wereldoorlogen en zie die foto van een worstverkoper op straat. Hoge hoed, lange zwarte jas, wit voorschoot, handschoenen, voor zijn buik de *Bauchladen* waaruit hij de worst offreerde. Een *Wurstmaxe* heette zo iemand, een stijlvolle wandelende *Imbiss*. Je ziet ze hier en daar in Nederland weer opduiken op evenementen met Rollende Keukens. De hedendaagse variant in Berlijn is de in fel geel of oranje gehulde *grillrunner*, ook wel *grillwalker* genoemd. Die draagt een gastankje op zijn rug en grilt onder een afdakje van plexiglas een *Rostbratwurst* op een plateautje voor zijn buik. De snelste Imbiss van Berlijn, net als eertijds de Wurstmaxe.

10

Jungfrau Limburg, Duitse maagd

Aken is een puur Duitse stad, misschien wel de meest Duitse van alle Duitse steden. Luik met zijn Place de la République française beschouwt zichzelf als de meest noordelijke stad van Frankrijk. En wat is Maastricht, de *Dritte im Bunde*? In elk geval heel anders dan die twee en niet typisch Nederlands. Echt Limburgs misschien? Krap 25 kilometer is het met de auto van Maastricht naar Luik en van Maastricht naar Aken, en het zijn werelden van verschil. Terwijl tegelijkertijd een intensieve uitwisseling van goederen, mensen en ideeën zorgt voor vereniging van de drie grensgebieden.

Het is de paradox van de grens, zegt Ad Knotter. 'De grens betekent differentiatie én integratie. Door de tegenstelling ontstaat er eenheid, het is een dialectisch iets.' (Een Duitse vinding trouwens, die dialectiek.) Vanwege de verschillen aan weerszijden van de grens zijn grenzen scherpe scheidslijnen. En die scherpe grenzen zijn juist aanleiding om ze over te steken en kennis te maken met en/of te profiteren van het andere aan de overzijde. Zodoende leer je dan ook beter kennen wat 'thuis' voor je betekent en wat je eigen cultuur is. Confrontatie met de ander leidt tot verheviging van de eigen identiteit, tot de ontdekking: 'We zijn toch heel verschillend!' Grenzen versterken de eigen identiteit, want aan de grens zijn de onderlinge verschillen het duidelijkst zichtbaar.

Grensoverschrijding leidt ook tot bindingen, zoals voetballiefhebbers uit Kerkrade die supporter zijn van Alemannia Aachen, en Duitse drugsliefhebbers die boodschappen doen in Heerlen. Dat Nederlands Limburg een aantrekkelijke *Jungfrau* voor de naburige Duitsers is, blijkt ook uit de weekend-files vanuit het Ruhrgebied naar het kleding-outletcentrum in Roermond, een creatie van oud-wethouder Jos van Rey. Van de studenten aan de Maastrichtse universiteit komt 60 procent uit het buitenland en van hen is 90 procent Duits. Ook paradoxaal misschien, maar professor Knotter denkt niet dat met de verduurzaming en intensivering van de grensoverschrijding ook de integratie toeneemt. Integendeel, 'de ervaring van de grens zal ook toenemen: je merkt simpelweg eerder en heviger de verschillen'.

Ad Knotter is hoogleraar-directeur van het Sociaal Historisch Centrum voor Limburg in Maastricht. Grensstudies vormen een van zijn specialismen en liefdes. Hij is geen Limburger en niet katholiek, zegt hij met enige nadruk. En hij heeft lang als historicus in Amsterdam gewerkt. 'Ik ben er erg van opgeknapt dat ik uit Amsterdam weg ben, ook intellectueel. Het is zo boeiend om hier te werken. Vanwege de grenzen om me heen.' Het anti-Duitse van Amsterdam trof hij in Limburg niet aan. Wat – spiegelbeeldig geredeneerd – dan niet wil zeggen dat Limburg en die andere oostelijke, aan Duitsland grenzende provincies per definitie Duits toegenegen zouden zijn.

Nederland is gesitueerd op een soort kruispunt, tussen zee en vasteland, en ondergaat veel buitenlandse invloed. Holland, Zeeland, de kustprovincies zijn van oudsher maritiem en dus Angelsaksisch georiënteerd, maar nooit helemaal. Rotterdam is een mooi voorbeeld van een stad waar de verschillende invloeden samenkomen: sterke oriëntatie op Duitsland, het Ruhrgebied, maar overzee ook de blik op Engeland gericht. In de oostelijke provincies vind je uiteraard meer Duitse invloeden: 'Zet de Pruus maor op,' zeiden vaders daar als de Hilversumse televisie hun weer eens niet beviel. Daar was nooit sprake van een echte aversie tegen Duitsland. Maar dankzij de dialectiek van de grens is er een sterk besef van eigen identiteit in bijvoorbeeld Groningen, Twente en Limburg. Een idee van eigenstandigheid die nog eens extra opgepept werd door het proces van nationale eenwording vanaf het midden van de negentiende eeuw. Limburg is het frappantste geval.

Ad Knotter: 'Het was een volstrekte toevalligheid dat dit stukje grond bij Nederland is gaan behoren, na de afscheiding van België. Pas sinds 1839. Daarvoor bestond Limburg niet als territoriale en mentale eenheid. Die eenheid is een product van de door Holland gedomineerde Nederlandse staat. In het proces van nationale eenwording ontdekten de Limburgers dat ze meer met elkaar gemeen hadden dan met de Hollanders. Naarmate ze meer onderdeel van Nederland werden, kwamen ze erachter dat ze anders waren dan die van boven de rivieren, en dat gevoel heeft ze een sterke identiteit gegeven. Dat was dus niet iets wat uit het verleden is overgeleverd, wat misschien bij Twente wel aan de hand was, want Twente bestaat als territoriale eenheid al heel lang. Maar ook daar heerst het mechanisme: "Wij zijn anders dan de Hollanders."'

Alle auto, spoor- en waterwegen in Nederlands Limburg lopen noord-zuid. In het proces van nationalisering werden steeds meer aspecten van het openbare leven vanuit het centrum aangestuurd: onderwijs, media, zelfs de kerkelijke organisaties, en niet te vergeten de media. Knotter herinnert zich een carnaval in Vaals – tijdens Auw Wieverdaag, naar het Duits – waar vrouwen zich verkleed hadden als de vrouwen van prins Bernhard. 'Vaals, het uiterste randje van Nederland. Maar om zich te uiten over de wereld oriënteert men zich er op Holland, op het Nederlandse koningshuis.' Grenzen krijgen een reële betekenis doordat de grensgebieden zich zien, ondanks het sterke besef van eigenheid, als onderdeel van de nationale eenheid.

De meest internationale tijd van Nederlands Limburg was de mijntijd tot de jaren twintig, dertig van de vorige eeuw. Op de Franse Oranje-Nassau na, met Franse ingenieurs aan de leiding, was de Limburgse mijnindustrie sterk Duits georiënteerd. In techniek, taal, deels ook qua investeringen. De Oostelijke Mijnstreek met Kerkrade (Domaniale Mijn), Heerlen en naderhand de Westelijke Mijnstreek met Geleen (Staatsmijnen) vormden met het Akense in feite één mijnbouwgebied. Er werkten veel Duitse arbeiders en ook Polen en Slovenen die eerder in het Ruhrgebied en bij Aken of kompel waren geweest of steenbakker of textielarbeider. Tot de Eerste Wereldoorlog was het Nederlands-Duitse grensgebied een interregionale arbeidsmarkt. De Limburgse mijnwerkersbond was aangesloten bij de Duitse bond van christelijke vakbroeders, de Limburgse bouwvakkers idem. Pas met de komst en uitdijing van de Staatsmijnen werd de Limburgse mijnbouw nationaler. Hollandse investeerders deden hun intrede. In de jaren dertig werd een groot deel van de buitenlandse arbeiders afgedankt en vervangen door autochtone, Limburgse mijnwerkers. De afsluiting van de grenzen tijdens de Eerste Wereldoorlog had er al eerder toe geleid dat ook de katholieke organisaties (politieke partijen, vakbonden, blaasorkesten, geitenfokverenigingen) zich meer en meer waren gaan richten op nationale verbanden, in casu op de katholieke zuil. Zo werden ze onderdeel van de nationale katholieke emancipatie.

Hoe reëel en scherp scheidend de grens kan zijn, opnieuw is, wordt aangetoond door de bevolkingskrimp die zich in Nederland op zijn hevigst voordoet in de grensgebieden Oost-Groningen, Zeeuws-Vlaanderen en de Oostelijke Mijnstreek. Knotter: 'Heerlen en Kerkrade liggen perifeer ten opzichte van het nationale centrum. Ze maken geen deel uit van de Randstad waar de economische potentie zit. En ook niet van de groei en bloei aan de andere kant van de grens, de Akense streek. De bevolkingskrimp houdt precies bij de grens op. Aken heeft zijn eigen motor om zich te ontwikkelen, met zijn hightechindustrie, universiteit – vergelijkbaar met Eindhoven. Aken trekt heel veel jonge mensen aan, die kinderen krijgen en zo verder. Terwijl net aan de andere kant van de grens Kerkrade en Heerlen leeglopen. Het toont aan hoe, ook in het Europa zonder grenzen, de grens een wezenlijke rol speelt.'

11

Klammheimlich – de allerduitste schrijver van Nederland

Wat denk je, vraag ik ten slotte aan Lilian Blom, weduwe van schrijver Louis Ferron: 'Zou hij ook niet een beetje aan Duitsland kapot kunnen zijn gegaan?' Fysiek ging hij natuurlijk in de eerste plaats 'gewoon' aan kanker dood, maar...

Ze werd verliefd toen hij haar een gedicht van Rilke voorlas, in 1986, en vroeg zich vervolgens geschrokken af: 'Wat moest ik in vredesnaam met een Duitser? Met iemand die van Duitse literatuur, Duitse muziek en Wagner hield? En dan de oorlog niet te vergeten. Ik was opgegroeid in een anti-Duits milieu, met een vader die niet sprak over zijn herkomst – want Joods – en een moeder die onderduikers in huis had gehad. Dat was ongeveer het enige wat we wisten, en dat de Duitse woordjes die we op school moesten leren, niet door mijn vader overhoord werden. Een onvoldoende voor Duits op het rapport werd beloond met een grote grijns. Voor andere onvoldoendes kregen we preken. Wat moest ik dan met Louis? De schrijver die van zijn eigen leven fictie maakte? Op zoek naar een vader van wie hij vermoedde en misschien wel hoopte dat hij een SS-officier geweest was, want als je dan toch "fout" geboren bent, als je nou eenmaal het stempel met je meedraagt, laat het dan ook maar heel erg fout zijn. Dan maar liever een lint met een hakenkruis om het borstbeeld van Beethoven, een Duitse helm aan de muur en veel foute marsmuziek naast je draaitafel.' (Uit: *De tuinkamer* uit 2007, dat ze schreef over zijn dood en haar leven met hem.)

'Zijn gedweep met alles wat Duits was,' zegt ze, 'ik vond dat zo overdreven. Als we aan het rijden waren en nog niet eens bij de grens, zei hij: "Ik ruik de *Heimat*." En nog maar net de grens over moest er *Bratwurst* worden gegeten. Want nergens anders dan in Duitsland... enzovoort. Doe niet zo overdreven, zei ik, en dan zei hij: "Ik overdrijf misschien wat, maar jij moet zien hoe bijzonder dit land is, hoe bijzonder de mensen." En al die Heimatfilms uit de jaren vijftig die ik met hem moest meekijken, zoetsappigheid om de oorlog te vergeten, en later de *Heimat*-serie van Edgar Reitz, waar hij heel geëxalteerd over deed: "Zij begrijpen het, liefde voor de Heimat, zij begrijpen dat." Stel je niet zo aan, zei ik. En hij: "Nee Lil, ze zijn ook veel intelligenter, die moffen." In Duitsland kon niks fout zijn. "Daar is het zoals het moet zijn: de mensen *freundlich*, de *Parkplätze sauber*, de toiletten schoon." Toen hij overleed en ik de boel ging uitzoeken wat er naar het Letterkundig Museum kon en wat niet, was er veel meer Duits dan Nederlands in zijn werkkamer. Boeken, fotoboeken, documenten, brieven, platen. Met Fischer-Dieskau, maar ook die platen met foute marsmuziek en liedjes van een Joodse cabaretier, waarbij hij altijd ging huilen als hij dronken was. "Luister Lil," zei hij, "dit is Joseph Schmidt. Door die rotmoffen in de gaskamers vermoord." De ene dag zette hij op de verjaardagskalender een heel groot kruis bij de dag van de Duitse Eenheid, zo blij was hij met de hereniging van Oost- en West-Duitsland. De volgende dag waren het die rotmoffen.'

Van zijn vele boeken, 37 titels tussen 1967 en 2005, zijn er vijf die gerekend worden tot zijn Duitslandromans, waaronder de 'Teutoonse Trilogie' (*Gekkenschemer*, *Het stierenoffer* en *De keisnijder van Fichtenwald*). In deze romans probeert Louis Ferron te doorgronden hoe het land en volk van *Dichter* en *Denker* 'zomaar' in de ban geraakte van de nazi-ideologie. 'Maar,' zegt Lilian Blom, 'in al die andere boeken duikt er ook altijd wel een majoor of iets anders uit Duitsland op. Dat land fascineerde hem mateloos. Het was niet alleen de zoektocht naar zijn vader. Fascisme, wat dat was, populisme – hij wilde het snappen. Daarom gaf hij ook dat nihilistische stemadvies voor Fortuyn in *Trouw*. Ik was razend, zes dagen heb ik niet met hem gepraat. "Nee Lil," zei hij, "nee nee, ik vind het niet leuk, maar die onderbuikgevoelens moeten naar boven komen." "Je blijft een mof," zei ik.' Hoe heel een volk precies gelijk die arm omhoog steekt, de naziparades op de partijdagen in Neurenberg, de choreografie, de esthetische kant van het fascisme – huiveringwekkend mooi, vond hij dat. De nazi-architectuur van Speer, die parades in China en Noord-Korea: voor mij was het iets om terug te duiken in het verleden toen het niet veilig was; hij zei: "Schitterend om te zien!" Die ongemakkelijke, pesterige kant, dat subversieve zit ook in zijn boeken. Mijn moeder kon er helemaal niet tegen. "Het is mij best," zei ze, "dat jij hem graag wilt, als ik zijn boeken maar niet hoef te lezen."'

Louis Ferron was een ontzettend moeilijke man van wie Lilian Blom ontzettend veel hield. Hij werd geboren in een katholiek tehuis voor ongehuwde moeders in Leiden. Zijn moeder was een serveerster uit Haarlem, zijn vader Wehrmachtsoldaat Franz August Beckering uit Rheine. Die verdiende voor de oorlog de kost als huisschilder in Den Helder, waar hij getrouwd was met het Duitse dienstmeisje Agnes Schmoghinski, ook afkomstig uit Rheine. Vader Beckering nam zoontje Karl Heinz mee toen hij werd overgeplaatst naar Duitsland en bracht hem bij zijn vrouw Agnes, die nu in Bremen woonde. Daar ook kwam vader Beckering kort voor de oorlog om het leven, onder een instortende gevel van een huis. Na de oorlog werd de vijfjarige Karl Heinz via het Rode Kruis teruggehaald naar Nederland, waar hij de achternaam van zijn moeder kreeg en opgevoed werd door haar ouders. Zijn jeugd op kostscholen en in pleeggezinnen was als 'moffenzoontje van een moffenhoer' ongelukkig.

In 2005, een halfjaar voor zijn dood, weet de stadsarchivaris van Rheine hem in Haarlem te vinden en vraagt hem later dat jaar een expositie in Rheine te openen van schilderijen van zijn vader. Per mail stuurt die documenten betreffende zijn vaders familie en een foto van hem. Geen SS'er, gewoon een soldaat die op een onheldhaftige manier aan zijn einde is gekomen, wel een verdienstelijke kunstschilder. Voor het eerst in zijn leven heeft hij een begin van een idéé van zijn vader. Als hij daarna ook afbeeldingen van het werk van zijn vader onder ogen krijgt, herkent hij zichzelf. Lilian Blom: 'Het maakte hem gelukkig. Schilderijen van eindeloze rijen berkenbomen, desolate haventerreinen, figuren in de eenzaamheid zoals je ze ziet bij Caspar David Friedrich. Louis vertoefde ook graag in bossen met berkenbomen, hij hield van de verlatenheid van IJmuiden, de oude loodsen daar, roestige boten. Net zo'n aartsromanticus als ik, vond Louis.'

De pijn van zijn alvleesklierkanker werd te ondraaglijk om met euthanasie te wachten tot de opening van zijn vaders expositie in Rheine. Op 26 augustus 2005 stierf Louis Ferron. Zijn weduwe Lilian Blom vraagt zich wel eens af hoe hij naar het nieuwe Duitsland gekeken zou hebben. Wat hij gevonden zou hebben van de omslag in waardering van de Duitsers in Nederland. Van Angela Merkel en de open armen voor vluchtelingen: *Wiedergutmachung* voor de miljoenen die ze vergast hebben? 'Als hij was blijven leven,' zegt ze, 'denk ik dat hij wel klaar was geweest met het thema Duitsland.'

Ten slotte de vraag aan Lilian Blom of Louis Ferron misschien ook een beetje aan Duitsland kapot is gegaan. 'Nee, beslist niet. Hij koesterde Duitsland en zijn herinneringen aan dat land. Hij is eerder kapotgegaan aan de hypocriete mentaliteit van de Nederlanders na de bezetting.'

12

Lebensraum in een kerncentrale

45 procent van de Kalkar-gasten komt uit Nederland, 55 procent is Duits. Om het *Wunderland* extra onder de aandacht te brengen, deden ze eens een appel-en-een-ei-actie: *'Sie können bei uns übernachten für ein Apfel und ein Ei.'* 'Letterlijk hè', zegt bedrijfsleider Han Groot Obbink. 'En weet je hoeveel reserveringen erop kwamen? Nauwelijks van Duitsers, veel Nederlanders. Als het niks kost, kan het ook nooit iets zijn, denkt een Duitser.'

Wunderland Kalkar is een zogeheten all-inclusive park. Attracties, eten, drinken, slapen, parkeren, alles is bij de ene vaste prijs inbegrepen. Dus lieten ze het een keer aan de bezoekers zelf om te bepalen wat ze wilden betalen voor een overnachting inclusief ontbijt. Duitsers rekenden gemiddeld 40 tot 50 mark af, Nederlanders 5 tot 10 gulden.

Han Groot Obbink vertelt dit niet om het cliché van de altijd op voordeeltjes uit zijnde Hollander te bevestigen. Nee, het is de Duitse instelling die hem zo bevalt en waar hij als Nederlander bewondering voor heeft. 'Een faire prijs voor faire waar, daar gaat het om. Wat heb je nodig om een huis te bouwen? Een stukje grond, stenen, cement, raamkozijnen, een keuken, verwarming. Dat kost bij elkaar opgeteld zoveel, en dat is precies wat een

Duitser ervoor betaalt. En als hij het na verloop van tijd weer wil verkopen, krijgt hij tienduizend euro meer als hij zijn huis verbeterd heeft en tienduizend euro minder als hij er niks aan gedaan heeft. Dat is dan de prijs; geen speculatie, geen handjeklap. Duitsland is een land van makers, Nederland van handelaren. Nederlanders proberen altijd en overal wat aan te verdienen. Wat hebben wij vergeleken met Duitsland nou aan industrie? Wij moeten van alles importeren en ons uit de naad praten en doen om te kopen en verkopen en daar winst uit te halen.'

De kerncentrale Kalkar, een gezamenlijk project van Duitsland, Nederland en België, was voor veel mensen een duivels symbool van de als levensbedreigend ervaren atoomindustrie. De snellekweekreactor zou bij de opwekking van kernenergie een nieuwe technologie introduceren door in het 'broedproces' zelf nieuwe splijtstof te genereren, voornamelijk plutonium. Nederlandse huishoudens droegen verplicht 3 procent van hun elektriciteitsrekening bij aan het werk. Deze zogeheten Kalkarheffing speelde een majeure rol bij het ontstaan van een brede Anti-Kernenergie-Beweging (AKB) in Nederland. De *Schnelle Brüter* aan de Rijn vlak over de grens bij Lobith was begroot op anderhalf miljard mark, en toen hij in 1986 geheel bedrijfsklaar werd opgeleverd, had hij acht miljard gekost. Tegen die tijd waren er zoveel betogingen en pogingen tot blokkades geweest en was kernenergie zo omstreden aan het raken – 1986 was ook het jaar van de kernramp bij Tsjernobyl – dat de Duitse regering in maart 1991 besloot Kalkar niet in gebruik te nemen.

Vier jaar later kocht Hennie van der Most, oud-oudijzerhandelaar te Slagharen, het immense 'ding' voor 2,5 miljoen euro en bouwde het om tot hotel- en attractiepark annex beursterrein. Nederland kende de Overijsselse ondernemer al van min of meer gelijksoortige projecten: Speelstad Oranje in een voormalige aardappelmeelfabriek (nationaal roemrucht geworden door opvang van asielzoekers), Preston Palace in een voormalig ziekenhuis in Almelo (inmiddels verkocht), het ronddraaiende restaurant De Koperen Hoogte in een voormalige watertoren halverwege Zwolle en Meppel (inmiddels gesloten) en recent de Kathedraal van Rotterdam, speelstad in een voormalige afvalverbrandingsoven.

De aankoop van de snellekweekreactor baarde ook internationaal opzien. Omdat na de val van de Muur en het einde van de Koude Oorlog NAVO-kazernes leegkwamen in Duitsland en na de *Energiewende* van Angela Merkel atoomcomplexen hun functie verloren, kreeg Van der Most veelvuldig de vraag of hij zijn formule in meer oorden wilde toepassen. Inclusief Kalkar zijn dat er nu vier in Duitsland: Funpark Meppen in en bij een voormalige energiekrachtcentrale, Indoor Camping Itterbeck op een voormalige legerbasis vlak over de grens bij Coevorden (bunkers als recreatiewoningen) en Dorf Wangerland in een voormalige kazerne in Ostfriesland.

Zowel in Duitsland als in Nederland kenmerkt de Van der Most-aanpak zich door overdekte speelhallen, klimwand, achtbaan, wildwaterbaan, onbeperkt friet eten, softijs, en limonade drinken, Piri Piri-kiprestaurant enzovoort. Recreëren in afgesloten complexen met *Lebensraum* binnen de poort.

Han Groot Obbink uit Haaksbergen werd *Geschäftsführer* in Kalkar. Hij is, net als Hennie van der Most, geboren en opgegroeid vlak bij de Duitse grens, maar van Duitsland en Duitsers had hij niet veel meer sjoege dan een doorsnee-Nederlander in die tijd. Groot land, bier, dikke auto's, dikke nek ook, degelijk, beetje saai, gehoorzaam aan de baas en eh... op 4 mei het 'verschrikkelijke wat er gebeurd is'.

Als zodanig onderging hij in eerste instantie ook de kennismaking met de werknemers in Kalkar. 'Voor en na was het *Herr Han* zus, *Herr Han* zo, *Herr Han*, *haben Sie...* – ik heb een moeilijke achternaam – en daar krijg je als Nederlander gauw genoeg van. Ik zei dus: "Han is gewoon mijn roepnaam, en dat *Herr* kun je er sowieso wel af laten." Niet dat het direct veranderde, hoor. Ander voorbeeld. Ik geef aan hoe ik de tafels graag ingericht wil zien: mes daar, vork, weet ik allemaal. Kom ik na een uur terug en zie ik dat ze de hele zaal hadden ingedekt zoals ik het had voorgedaan. Maar in de haast had ik het verkéérd voorgedaan. "Jongens, jullie zien toch zelf ook wel dat het niet goed is zo?" zeg ik. "Ja maar *Herr* Han, *Sie haben es selber so vorgetan!*" Daar heb je weer dat ergerlijk volgzame, denk je dan. Ze kunnen iets tot in het perfecte, maar je moet ze het wel vertellen, en dat blijven ze dan ook volhouden.'

Dus hebben Duitsers de reputatie niet zo innovatief te zijn. Maar dat is niet enkel een kwestie van mentaal conservatisme, ontdekte Han Groot Obbink. 'Als een Duitser iets bouwt, is het voor de duur van een lang leven, heel degelijk. Je ziet het aan de interieurs in veel restaurants. *Altmodisch*, bedaagd, donker. Zo zijn ze namelijk zoveel jaar geleden ingericht, wel uit de tijd inmiddels, maar nog lang niet op. Nederland heeft meer nieuwigheden in de horeca. Je moet regelmatig verversen, vinden wij, en afschrijven. Want na vijf of tien jaar zijn er andere mensen, mensen met andere smaken.'

Voor een EK- of WK-voetbal in 1998 of 2000 wilde hij de speelhallen graag deels op zijn Nederlands en deels op zijn Duits versieren. In heel Duitsland was geen vlaggetje te krijgen, laat staan toeters en bellen. 'Nee, dat is nationalistisch, zei men, dat doen we hier niet. En kijk nou eens. In 2006 bij het WK keek de hele wereld naar Duitsland, en de Duitsers lieten zich trots in hun nationale kleuren zien.'

Han Groot Obbink ging met vrouw en jonge kinderen wonen bij zijn werk. In het Hanzestadje Grieth, schuin tegenover de schitterende gevelwand van Emmerich aan de overkant van de Rijn. Hij werd – voor zover mogelijk – Duitser met de Duitsers, dus onder meer lid van minstens twee verenigingen. 'Dat waarderen ze, hoor. En dat je probeert een beetje Duits te praten, charmant vinden ze dat. En je merkt dat ze het mooi vinden hoe makkelijk wij in de omgang zijn, een beetje jaloers zelfs dat wij zo flipperig van het een naar het ander kunnen overstappen. Omgekeerd vind ik dat wij wel wat meer van de serieusheid van de Duitser zouden mogen hebben. Dingen echt goed willen doen, effe net iets verder doordenken. Er zit zoveel kracht in dit land. Bedenk eens hoe er na de *Wende* een failliet land, de DDR, is overgenomen en opgebouwd. Rigoureus hebben ze ingezet op groene stroom. En nu die vluchtelingencrisis en Angela Merkel die het toch maar zegt: '*Wir schaffen das.*' En loyaal, hè. Onze Duitse medewerkers identificeren zich met hun bedrijf, ze zijn er trots op. Ze zullen niet gauw voor vijf cent méér naar een ander gaan.'

Zo'n 140 mensen werken in Kalkar, van wie er ruim twintig Nederlands zijn én manager. Dat is niet toevallig: 'Nederlandse vlotheid en gezelligheid, wat ze hier *locker* noemen, dat willen we uitstralen.'

Sinds kort is Han Groot Obbink docent aan de *Hochschule* in Kleef, waar hij lesgeeft in alternatief hotelmanagement en van nabij ervaart hoe jonge Duitsers zich niet meer 'zo typisch Duits' tot de wereld verhouden als oudere Nederlanders vaak denken. 'Ze willen iets nieuws, zijn internationaler georiënteerd. Er komt een heel goede generatie aan in Duitsland, in Nederland ook trouwens. Wij als oude hazen moeten daarin meegaan.'

13

Moffenbrug naar de Wallen

Amsterdam werd na de oorlog de stad van Het Achterhuis en Anne Frank. De stad van rookbommen bij het huwelijk van de kroonprinses met een Duitse prins. De stad van gewelddadigheden, de omvangrijkste na de oorlog, bij de inhuldiging van diezelfde kroonprinses en haar Duitse prins tot koningin en gemaal van Nederland. 'Mijn fiets terug,' eisten spandoeken, als een verlaat protest tegen de Duitse invordering in 1942 van honderdduizend Nederlandse rijwielen. Amsterdam bevestigde er zijn door de eigen bewoners gekoesterde faam mee een lastige stad te zijn, een eigengereide republiek in een verder tamelijk braaf land, en de meest anti-Duitse van alle steden in het koninkrijk.

Het Amsterdamse volk heeft in zijn karakter een sterk anarchistische inslag, een drang naar vrijheid die zich zelfs tegen eenvoudige politiemaatregelen verzet. De Amsterdammer is een goedmoedig en opgeruimd mens, maar hij stelt er hoge prijs op dat men hem zijn eigen gang laat gaan. Hij zal er 364 dagen van het jaar niet over denken zijn zolderinventaris voor zijn deur op te stoken. Als echter de politie zegt dat dit op de derde maandag in augustus níét mag, dan zal hij een onbedwingbare lust voelen op die dag daar een laaiend vuur aan te leggen. En niet alleen de Amsterdamse arbeiders, ook brede groepen van intellectuelen, kunstenaars en middengroepen zijn radicaal georiënteerd. De oorsprong van die radicaliteit? De havenbuurt met de Zeedijk en de Wallen, en vooral de vrouwen daar, Duitse vrouwen. Daar werd het stadskarakter gevormd. Niet de grachtengordel deed dat.

De kenschets komt uit het *Handboek Pastorale Sociologie*, dat de Amsterdamse radicaliteit als volgt nader verklaart: 'Allereerst is dan te denken aan de omstandigheid dat Amsterdam gedurende eeuwen de enige werkelijke metropool van ons land is geweest; een metropool bovendien in welker geschiedenis tijden van grote bloei met tijden van diep verval elkaar hebben afgewisseld. Een begeleidend verschijnsel van die economische teruggang is de verpaupering van de arbeidersklasse geweest, die leidde tot balsturigheid en balorigheid.'

Het *Handboek Pastorale Sociologie* was een veelomvattende zogeheten reli-geografische studie naar de sociaaleconomische en geestelijke toestand van het Nederlandse volk in de wederopbouwjaren na de Tweede Wereldoorlog. Vanzelfsprekend wordt ter verklaring van de Amsterdamse geestesgesteldheid verwezen naar de handel en de scheepvaart die 'de Amsterdammers al vroeg in aanraking brachten met allerlei vreemde volken, waardoor hun blik werd verruimd en hun opvattingen verbreed, zodat het heel wel denkbaar is dat daardoor zowel de kritische zin als het onafhankelijkheidsgevoel der bevolking aanzienlijk is versterkt'. Men refereert aan de omstandigheid dat 'Amsterdam eeuwenlang een toevluchtsoord is geweest voor vluchtelingen met afwijkende godsdienstige, wijsgerige en politieke denkbeelden, die ook het hunne bijgedragen hebben tot de vorming en vervorming van het Amsterdamse volkskarakter.'

Maar uiteindelijk is het het lompenproletariaat dat verantwoordelijk gehouden wordt voor 'de typisch Amsterdamse karaktertrek van het zich niet de wet laten stellen'. En daarin zijn vooral vrouwen bepalend geweest, met name de Duitse vrouw. Hoe verrassend: Ajax-arrogantie heeft een Duitse en vrouwelijke oorsprong.

Amsterdam begon vanaf het midden van de zestiende eeuw als een magneet van alle kanten mensen aan te trekken. Mannen en vrouwen die een beter leven wilden, met werk en meer inkomen; mensen die op de vlucht waren vanwege geloof en geweten. Antwerpse kooplieden, Portugese Joden, Franse hugenoten, vrijheidlievenden, armoedzaaiers, gelukzoekers, praalhanzen, oplichters. Amsterdam werd een migrantenstad par excellence. Binnen twee generaties verviervoudigde de stad in omvang, van 30.000 inwoners in 1585 naar 120.000 in 1632. Minder dan veertig jaar later was het inwoneraantal gestegen tot boven de 200.000. Na Londen en Parijs was Amsterdam in grootte de derde stad van Europa.

Meer dan de helft van de immigranten was afkomstig van buiten de Republiek en – opmerkelijk genoeg – grotendeels uit de kustgebieden aan de Noord- en Oostzee. Noord-Duitsers vooral, daarnaast Denen, Noren en Zweden. Zij vormden de kern van de massa werkvolk waar Amsterdam behoefte aan had. Dienstmeisjes, handwerkslieden en gezellen, zeelui en soldaten voor de Verenigde Oost-Indische (VOC) en de West-Indische

Compagnie (WIC). Naar schatting vestigden tussen 1600 en 1800 ongeveer een miljoen personen van buiten Holland zich in Hollandse steden, ongeveer een derde van hen kwam uit Duitsland. Een deel van hen verdween voorgoed op zee. Het overgrote deel zocht in de stad een bestaan en kwam terecht in wat sociaal-economen het onderste segment van de arbeidsmarkt noemen. Zij vormden de onderklasse: arm en overwegend werkzaam in ongeschoolde en slecht betaalde beroepen. Maar de sociale vrede schijnt nauwelijks of niet in gevaar te zijn geweest.

'Was Amsterdam een uitzondering op de regel?' vraagt historica Erika Kuijpers zich dan ook af in *Migrantenstad*, haar boek over immigratie en sociale verhoudingen in het Amsterdam van de zeventiende eeuw. 'Kende de stad niet die twee werelden van gevestigden en buitenstaanders? Of ging het economisch te goed en bleven de scheidslijnen onzichtbaar zolang iedereen maar aan het werk was? Er is in de literatuur nauwelijks iets bekend van gewelddadige etnische conflicten in zeventiende-eeuws Amsterdam. In eigentijdse kluchten worden Duitse immigranten gestereotypeerd als ijdele kwasten of juist als achterlijke boeren, maar van spanningen in de dagelijkse praktijk tussen autochtonen en immigranten is weinig te vinden in de bronnen. Tot geweld lijkt het helemaal nooit te zijn gekomen. [...] Je kunt je ook afvragen natuurlijk wie er integreert in wat als een stad door immigratie in omvang verzesvoudigt. De autochtone bevolking van Amsterdam vormde altijd een minderheid.'

De rijken woonden in de hoofdstraten en aan de grachten, de armen in de zijstraten. De Oostelijke en

Westelijke Eilanden waren voornamelijk bewoond door immigranten uit de Noordwest-Europese kustregio's; ze verdienden geld als scheepstimmerlieden en met ander aan de haven gerelateerd werk. Meer in de binnenstad, vooral aan de Nieuwe Zijds, vond je de migranten (bakkers, textielarbeiders) uit het binnenland, zoals die uit het Duitse Rijnland. Vlak daarbij, aan het Singel, kwam de Nieuwe (Ronde) Lutherse kerk te staan. Door de grote toestroom van lutherse immigranten uit de Duitse en Scandinavische kuststreken liep de (Oude) Lutherse kerk aan het Spui regelmatig zo vol dat men tijdens de diensten de benen buiten moest hangen.

De brug over de Amstel die ter hoogte van de Oudebrugsteeg het Damrak met de Warmoesstraat verbond, de eerste brug over de Amstel, ook wel Oude Brug genoemd, had de bijnaam Moffenbrug. Lange tijd fungeerde die brug namelijk als een soort arbeidsbureau waar vooral Duits arbeidsvolk zich dagelijks aanbood voor los-vast werk.

Mof is afgeleid van het Duitse *Muff*: brompot, mopperpot, een naar mens. Mof kan ook verwijzen naar de herkomst van veel Duitse arbeidsmigranten in Holland, namelijk de Noord-Duitse kuststreek die wel Muffrika genoemd werd. Populair in die dagen was de zogenaamde moffenklucht, waar Thomas Asselijn en Pieter Langendijk veel succes mee hadden. De hoofdpersoon daarin is meestal een huwelijksbeluste snoever, een Hans de Zwetser, die zich uitgeeft voor een rijke sinjeur.

Poep, Pruus en Pruusj, de spotnamen voor Duitsers die men bezigde in het noorden, oosten en zuiden van Nederland, waren minder krenkend. Poep naar het Duitse *Puppe* voor pop. Pruus en Pruusj naar de bewoners van het landsdeel Pruisen, dat in de loop van de achttiende eeuw de Duitse natie ging domineren en een grootmacht werd in Europa. Een blaaspoep is een Duitse trompetspeler.

Het stedelijke proletariaat in Amsterdam bestond voor een groot deel uit vrouwen, die probeerden vooral in de havenbuurten een inkomen te vergaren. Daar heerste volop activiteit van schepen die aankwamen en die, in de aanloop naar vertrek, weer bemand moesten worden met honderden mannen. Behalve als prostituee, hoerenwaardin of tapster werkten de vrouwen ook als ronselaar voor de VOC-schepen.

Aan de havenbuurt had Amsterdam mede zijn internationale reputatie van hoerenstad te danken. Reizigers raakten er niet over uitgeschreven. Een stad zo groot en zo dichtbevolkt, waar door de handel zoveel geld in omloop is, daar moet de ontucht wel buitensporig zijn. Historica Lotte van de Pol komt in haar boek *Het Amsterdams hoerendom* voor de periode 1650 tot 1800 uit op 'ten minste' achthonderd fulltime prostituees. Gevoegd bij nog enkele honderden hoerenwaardinnen, hoerenwaarden en hoerenbesteedsters maakt 'dat, zelfs in de laagste schatting, prostitutie een sector was om binnen de economie van de stad rekening mee te houden'.

De typische 'Amsterdamse' prostituee was volgens Lotte van de Pol 'een alleenstaande jonge vrouw, naaister of textielarbeidster, niet geworteld in de stad maar vanuit een Hollandse of Noord-Duitse stad naar Amsterdam getrokken'.

14

Normaliteit

Als hij niet zo oud was, zou professor H.W. von der Dunk remigreren. Zou hij teruggaan naar het land en de cultuur die de negenjarige Hermann Walther met zijn ouders in 1937 verliet omdat zijn moeder Joods was. In Bilthoven ging hij naar de Werkplaats Kindergemeenschap van Kees Boeke, waar zijn vader een baan als leraar had gevonden. Hij studeerde geschiedenis in Utrecht, promoveerde in Mainz en werd hoogleraar geschiedenis van na 1870 aan de Universiteit Utrecht.

'Een tijd lang zag het ernaar uit dat ik in Duitsland een vaste baan zou krijgen. Maar ik was na de oorlog Nederlander geworden, had het grootste deel van mijn jeugd in Nederland doorgebracht; je krijgt een gezin en dergelijke. En wat ik schrijf als wetenschapper, is voor 90 procent Nederlands georiënteerd. Maar het Duits beheers ik net zo goed als het Nederlands. Ik heb altijd veel Duitse vrienden gehad. Het is een heel plezierig land, waar ik me thuis voelde sinds daar geleidelijk de normaliteit van vóór Hitler begon terug te keren.'

– Wanneer was dat?

'Vanaf de jaren zeventig, toen een jongere generatie een heel andere mentaliteit demonstreerde dan de generatie die het Hitler-rijk gedragen had.'

– Vanaf toen bent u zich geleidelijk aan meer Duits gaan voelen?

‘Gedeeltelijk, wat te maken heeft met je biografische ontwikkeling. Ik voelde me altijd honderd procent Nederlander. Ik ben opgegroeid met de schaduw van de oorlog, die loodzwaar over Nederland hing. Maar als je oud wordt, komen jeugdervaringen tot leven en ontdek je hun betekenis. Mijn wortels liggen in Duitsland en in de Duitse cultuur. Maar ook in Nederland heb ik beslissende jeugdervaringen opgedaan. Het grootste deel van mijn familie- en kennissenkring bevindt zich hier. Ik sta tussen beide landen in. Het feit dat het huidige Duitsland zich van de nazismetten voor een belangrijk deel heeft ontdaan, betekent dat ik daar nu een zekere affiniteit mee heb en dat zich daar een stuk van mij bevindt dat niet in Nederland ligt.’

– Het Duitsland dat uw ouders dwong het land te verlaten vanwege uw Joodse moeder.

‘Mijn familie van moeders kant is uitgewaaierd over de hele wereld. Er zijn er die Noors zijn geworden, Engels, Amerikaans, Israëlisch. Daar zijn nog onderlinge contacten en waar we elkaar op vinden, is onze Duitse oorsprong, de pre-Hitleriaanse cultuur. In filosofie, muziek, literatuur. Muziek is mijn tweede en derde vaderland, en dan kom je vanzelf bij Duitsland terecht. Ook bij Nederland natuurlijk, met zijn Mahlers bij het Concertgebouworkest. Wist u dat er na de oorlog een poging gedaan is de *Matthäus-Passion* in het Nederlands uit te voeren, wat onmiddellijk spaak liep? Hoe anti-Duits men ook was en het evangelie toch ook in het Nederlands bestond, dat vond men heiligschennis. Bach is Bach en Bach is Duits.’

– Bent u zich ouder wordend ook meer Joods gaan voelen?

'Nee, ik heb me nooit anders gevoeld dan de zoon van een moeder die uit een geassimileerde Duits-Joodse familie kwam. Dat hoort nou eenmaal bij mij, zoals de bouw van mijn lichaam of de vorm van mijn hoofd. Ik ben evangelisch gedoopt – al betekent het volstrekt niets voor me – omdat mijn vaders familie evangelisch was, en dat hoort ook bij mij. Een van de positieve dingen van Nederland in de jaren dertig was dat Amsterdam een toevluchtsoord werd en een grote rol speelde in het bewaren, het redden van een deel van de Duitse culturele elite. Grote figuren als Thomas Mann en dergelijke. Zij achtten zich de hoeders van het ware, het culturele Duitsland, dat in de emigratie gegaan was. Deze Duitse elite verbond zich expliciet met de Joodse Duitsers, die cultureel een prominente rol speelden in het Weimar-Duitsland. Ik had in zekere zin een verwante carrière gehad, was ook geëmigreerd, en zo werd dat Joods en geëmigreerd zijn ook een beetje mijn biografie. Hoewel ik veel jonger was en veel minder jaren in Duitsland had doorgebracht. Bij lezingen word ik wel eens ingeleid met de mededeling dat ik uit Duitsland kom, dat mijn vader Duitser was en mijn moeder Joods. Dan zeg ik altijd: "Mijn moeder was net zo Duits als mijn vader." En soms voeg ik eraan toe: "Dat is nou precies wat Hitler beweerde: dat Joden geen Duitsers waren."'

– Na 1945, zegt u, is men in Nederland en met name in Amsterdam de banden met Engeland, het Atlantische perspectief, gaan terugprojecteren in de geschiedenis...

'...en deugde het niet meer wat uit Duitsland kwam. Een kras en typerend staaltje daarvan was dat men hier grote Duitse wetenschappers uit Amerikaanse boeken ging citeren. Men las Max Weber in het Amerikaans. Kant werd in Engelse vertaling gelezen. U lacht. Ik moest er twintig, dertig jaar geleden ook om lachen – maar niet hardop hoor. "O, Hermann Hesse, *a great American writer!*", hoorde je dan iemand zeggen. Nog maar een paar jaar geleden op de Koninklijke Akademie van Wetenschappen – ik heb het verhaal al eens eerder verteld, maar kan het niet laten het nog een keer te doen. Een lid van de Akademie hield een lezing waarin hij Kant in het Engels citeerde. Ik dacht even dat ik het verkeerd verstond en dat het over een of andere Amerikaanse socioloog handelde, maar nee. Stel je eens voor, op de Koninklijke Nederlandse Akademie van Wetenschappen citeert een vooraanstaande econoom Immanuel Kant in het Engels! Heeft hem natuurlijk ook in het Engels gelezen, in een bloemlezing waarschijnlijk. De grote Duitse filosofen van de Frankfurter Schule – Adorno, Horkheimer, Marcuse – waar men in Nederlandse academische kringen nogal mee sympathiseerde, zag men niet als Duitsers, hooguit als geëmigreerde Duitsers. Kenmerkend was ook dat links Nederland een bepaalde sympathie voor de DDR koesterde. Dat was het andere, het arme, het niet-bedreigende Duitsland. In de Bondsrepubliek zaten de oude nazi's en daar bloeide verdomme nog aan toe het *Wirtschaftswunder*.'

– En nu hebben Nederland en Duitsland een gemeenschappelijk legeronderdeel, de *Divison Schnelle Kräfte*, onder leiding van een Duitse generaal-majoor. 'Nederlandse soldaten onder Duits bevel', zette NRC *Handelsblad* boven het bericht.

'Terwijl men in Nederland na 1945 juist gezworen had: "Nooit meer Duitse uniformen". De eerste secretaris-generaal van de NAVO, de voorganger van onze Joseph Luns, omschreef het doel van zijn organisatie als volgt: *"To keep the Russians out, the Americans in and the Germans under."* Nederland was vooral ook zo Europees omdat men in het Europese verband een bescherming zag tegen het Duitse revanchisme. Maar al vrij snel werd de beduchtheid voor Duitsland overschaduwd door de Koude Oorlog. Vandaar dat Duitsland herbewapend moest worden om binnen de NAVO samen met de Verenigde Staten een sterke eenheid te vormen tegen de Sovjet-Unie. Het veiligheidsmotief doorkruist altijd alles. Dat zie je nu ook weer bij de bestrijding van terrorisme.'

– Er lijkt nu geen land zo Europees als Duitsland.

'Duitsland werd zo Europees omdat het af wilde van het nazi-Duitsland dat zoveel onheil had gebracht en de Duitsers in de beklaagdenbank had gezet. Men was zo beschaamd om dat nationale verleden. Tot vandaag speelt dat een rol. Je ziet het aan Merkel. Zij wil Europa. Dat zij daarin nu steeds meer een hoofdrol speelt, tja. *C'est la nature des choses*, zou De Gaulle zeggen. Duitsland is economisch verreweg het sterkst, het is het volkrijkste land in Europa. En bovendien, wat men jarenlang niet heeft willen zien in Nederland: Duitsland heeft een intense metamorfose ondergaan vanaf de jaren zestig, zeventig. De oudere generatie die op de leerstoelen zat, die in de politiek en het bedrijfsleven de eerste viool speelde, kwam niet verder dan een vorm van uiterlijke democratie. De generatie erna heeft de westerse democratische normen verinnerlijkt.'

– Duitslands omarming van Europa is zo sterk dat er al wordt gesproken van een Duits Europa. Zou dat mede het anti-Europese sentiment kunnen verklaren in landen als Frankrijk en Engeland, van sommige partijen in Nederland? Beduchtheid voor een door Duitsland gedomineerd Europa, dus eigenlijk een vorm van anti-Duitsheid, een oude reflex.

'Ik sluit het niet uit. De twee Europese landen die na de Tweede Wereldoorlog als overwinnaar aanschoven, blijken achteraf de grote verliezers van de oorlog te zijn en Duitsland een van de overwinnaars, in zekere zin. Het is de eeuwige dialectiek van de geschiedenis. Duitsland heeft het nationalistische verleden voor een belangrijk deel van zich af weten te werpen. En nu de eenheid hersteld is, domineert het op een vreedzame manier Europa, wat nooit gelukt is met een helm op. Een wonderlijke paradox. Duitsland heeft op menselijk vlak geprofiteerd van de nederlaag. Doordat ze door dat diepe dal van de geestelijke catastrofe, de innerlijke catastrofe heen moesten, doordat ze gedwongen waren dat hele verleden grondig keer op keer onder de loep te nemen, zijn de Duitsers in veel opzichten, politiek en mentaal, verder dan de landen die niet gedwongen waren dat te doen. Dat geldt vooral voor de Engelsen. Die zijn altijd nog geremd in hun ontwikkeling, hun modernisering, door het zo diep zittende *Rule, Britannia! Britannia, rule the waves.*'

– En Nederland?

'Het is volmaakt begrijpelijk dat anti-Duitse sentimenten sterk waren en op bepaalde momenten weer opsteken, als reactie op de nazitijd. Maar daarvóór is Duitsland nooit echt een bedreiging voor Nederland geweest. Bij tijdgenoten uit de achttiende en een groot deel van de negentiende eeuw tref je geen spoor van anti-Duitse gevoelens. Integendeel, Multatuli ging er wonen. Met Engeland was er altijd wel een speciale verhouding, een zekere gemeenschappelijkheid wat betreft politieke cultuur, het zeevarende, de handelsmentaliteit. Dat geldt vooral voor Holland, voor Oost-Nederland veel minder. De machtspolitieke bedreigingen kwamen van het continent. Van Frankrijk vooral. En als na de Duitse eenwording in 1871 ook van die kant iets dreigde, dan kon indien nodig Engeland altijd als machtspolitieke steun worden ingeroepen. Cultureel Duitsland was al vóór 1871 in hoge mate toonaangevend. Zowel het curriculum van de universiteiten in Nederland als van het gymnasium waren op Duitse leest geschoeid. In de negentiende en begin twintigste eeuw is Nederland steeds Duitser geworden. En dat sloeg radicaal om na 1945.'

– En nu opnieuw. Voor weldenkende mensen is Duitsland in veel opzichten een voorbeeld geworden, *Gutmensch* Merkel bovenal.

'Dat die zo populair is, komt ook doordat ze vrouw is en uit Oost-Duitsland komt. In haar mentaliteit zit iets wat met Nederland verwant is. Niet hard, maar voorzichtig en afwachtend. Nederlanders wachten ook bij alles af.'

15

Opel, geen grap

De innige verhouding tussen de Duitser en zijn auto is nooit zo pregnant verwoord als in de sluitregel van de Opel-commercial uit 2015: '*Wir leben Autos.*' In de herfst van hetzelfde jaar introduceerde Opel tegelijk met zijn kleine auto Karl ook een staaltje Duitse zelfspot. Een reclamestem somt de voordelen van de stadsauto op: vijf deuren, cruisecontrol, stoelverwarming en dat voor maar weinig geld. En zegt dan: 'Het lijkt wel een grap.' Na een korte pauze: 'Maar gelukkig maken Duitsers geen grappen!'

In de Haarlemmermeer tussen Cruquius en Hoofddorp staat langs de weg een bord met de tekst 'Duitse keukens voor Duitse prijzen', wat bedoeld lijkt als een dubbele aansporing tot kopen. 'Miele, er is geen betere.' Wie zal het betwisten? Media Markt, Hornbach, Lidl, Aldi – gestaag winnen de Duitse ketens marktaandeel in Nederland. En op de een of de andere wijze koesteren al die Duitse dingen zich in de gloed van het fameuze *Made in Germany*, een waarmerk voor degelijkheid, technische perfectie, precisie en veiligheid. Meerdere keren in zijn 125-jarig bestaan is de werking van het kwaliteitskeurmerk op sterven na dood verklaard. De kracht ervan bleek weer eens toen op het eind van de zomer van 2015 de Volkswagen-fraude aan het licht kwam. De fabrikant die zich in zijn reclame afficheerde als maker van *'Das Auto'*, had met gegevens gesjoemeld die de klant en keurende instanties een rooskleuriger beeld van zijn auto gaven dan de werkelijkheid toestond, maar dat is niet zo ongewoon in de autowereld. Veel erger was dat het bedrog een speerpunt van het moderne Made in Germany betrof: milieuvriendelijkheid en duurzaamheid. En daarom vielen de vertegenwoordigers van andere Duitse automerken, de concurrentie, niet te betrappen op vertoon van *Schadenfreude*, want de schade zou ook hen zwaar kunnen treffen.

vw had zijn dieselauto's zo geraffineerd met software uitgerust dat ze bij controle op de rollerband wel de beloofde lage CO_2-uitstoot demonstreerden – en ogenschijnlijk niet aan motorvermogen inboetten – maar in de realiteit op de weg er even lustig en net zoveel als andere diesels op los vervuilden. Volkswagen was net het Japanse Toyota voorbijgestreefd als grootste autoverkoper ter wereld. En toen dreigde Duitslands trots het hele palet van Made in Germany te bezoedelen.

Het ironische is dat het kwaliteitskeurmerk ooit als waarschuwing in het leven is geroepen. Door het Britse parlement, dat op 23 augustus 1887 een paragraaf toevoegde aan de *Merchandise Marks Act*, waarin bepaald werd dat industrieel vervaardigde importproducten gemerkt moesten worden naar het land van herkomst. Het gold voor alle buitenlanden, maar in de praktijk was het vooral bedoeld om te waarschuwen voor Duitse waren. Ongetwijfeld zal iets van protectionisme een rol gespeeld hebben – Duitsland was eind negentiende eeuw een snel opkomende industriemacht – maar de Britse kampioenen van de vrijhandel hadden ook goede redenen om de consument behulpzaam te zijn bij de keuze van het ene of het andere. Spullen van Duitse makelij waren namelijk vaak namaak, van inferieure kwaliteit, voorzien van misleidende opdruk, en dus veel goedkoper. Mede doordat eind negentiende eeuw het Duitse keizerrijk veel aandacht is gaan schenken aan het opleiden van technici en hoogwaardige ambachtslui, in het strakke korset van de meester-gezelrelatie, kreeg het label Made in Germany de wereldfaam die het tot op heden heeft.

Opel is het meest verkochte automerk ooit in Nederland: 1.906.652 stuks van 1983 tot en met 2014. Volkswagen is tweede: 1.536.602, Ford derde: 1.411.096 en dan volgen Peugeot en Renault met respectievelijk 1.188.307 en 1.175.341. Toyota is daarna de eerste 'Japanner' met 899.913 verkochte auto's in Nederland. Tot niet zo lang geleden voerde Opel ook de jaarlijkse lijst van autoverkopen aan (percentages tussen de 10 en 15 van het totaal) met bestseller-modellen als de Kadett, de Astra en de Corsa. Die ereplaats wordt nu al enige jaren ingenomen door Volkswagen. Te danken aan onder meer die belofte van geringe CO_2-uitstoot en het daarmee verbonden belastingvoordeel van de mindere bijtelling, wat dus naderhand een kwestie van sjoemelsoftware bleek te zijn. ('Sjoemel' is trouwens een uit het Duits geleend woord.) Opel 'zweeft' rond plaats vier, vijf, zes op de ranglijst; achter Peugeot, Renault of Ford.

Jan Willem Oskam verkoopt al bijna dertig jaar Opels in de Alblasserwaard. Hij kent de Nederlandse Opel-rijder, sommige al vanaf de eerste week dat hij als achttienjarige bij de Opel Centrale met vestigingen in

Papendrecht, Sliedrecht en (voorheen) Alblasserdam in dienst trad. Hij bleef, in de ware Duitse traditie, altijd trouw aan zijn werkgever, een familiebedrijf, en trouw aan het merk. 'Het is niet alleen het merk, ook het soort mensen dat bij ons binnenkomt. Normale mensen, die zich niet beter voordoen dan ze zijn. Of je nou het driedubbele verdient, hoger opgeleid bent of wat dan ook, als je naar het toilet gaat stinken we allemaal. De gemiddelde Opel-klant past bij mij.'

Opel was altijd vooral de auto van Jan met de pet, meer de auto van het platteland dan van de grote stad. Dat bezorgde het merk op den duur een zekere geuzenstatus. In de tv-serie en films over de New Kids van Maaskant is een Opel Manta een bijna even belangrijk personage als de Brabantse hangjongeren. Volgens de Achterhoekse zanger Bennie Jolink reden alle vier leden van popgroep Normaal in de meest Duitse van alle Duitse auto's onder het motto: 'Wat een lul is voor een hoer, is een Opel voor een boer.'

Auto van het volk, en daarom past Feyenoord bij Opel en Opel bij de Rotterdamse voetbalclub. 'Werkers, geen luxepaarden als bij Ajax. Als het bij Ajax niet goed gaat, is het halve stadion leeg. Bij Feyenoord hebben we al vijftien jaar geen prijs gewonnen, en iedere veertien dagen zit het stadion vol. We zijn er zeer content mee dat Opel na zoveel jaar weer hoofdsponsor werd.'

Zo trouw als de Feyenoord-fan aan zijn club is ook de gemiddelde Opel-klant aan zijn merk, een trouw die niet zelden overgaat van vader op zoon. Wat in de hand gewerkt wordt doordat Opel voor elke fase in de levenscyclus van zijn autorijdende klant een passend model heeft. Het is altijd een heel sterk punt van Opel geweest, vindt Jan Willem Oskam. 'Een gezin begint met een Corsa. Komt er een kindje, wordt het een Astra. Zijn er uiteindelijk vier kindjes, wordt het een Zafira. Zijn de eerste kinderen de deur uit en willen vader en moeder het wat blitser, niet meer zo'n grote bak, nemen ze een Mokka. Als je Opel rijdt, ben je geen buitenbeentje.'

Tegen een Opel-rijder zal nooit iemand zeggen: 'Allemachtig, wat doe je nou met een Opel?' Ook als ze al vier of vijf Opels gehad hebben en bij de concurrentie zou er iets gelijkwaardigs staan of een auto die beter bij hen past, kiezen ze vanwege de relatie met de dealer en het merk toch weer een Opel. Maar de laatste jaren gaat de klant meer 'fladderen', merken ze ook bij de Opel Centrale. 'Men koopt tegenwoordig makkelijker een Hyundai of een Kia dan vroeger, toen er grote kans was dat de buurman zou reageren met: "Hoe kun je zo'n ding nou kopen?"'

Opel-rijders zijn poetsers, hun auto moet glimmen, ze zijn trots op hun auto. Een deukje moet er zo snel mogelijk uit en weer netjes gespoten. Een Opel die wordt ingeruild, een Duitse auto in het algemeen die wordt ingeruild, is nagenoeg schadevrij. Heel anders dan een 'Fransoos'. Dat is een auto die gebruikt wordt voor het gemak, een auto als vervoermiddel. Neem zijn eigen schoonouders: francofiel, gaan al dertig jaar naar Frankrijk op vakantie en reden altijd Frans, tot hun dochter trouwde met Jan Willem Oskam. 'Hun auto zit rondom in de schade en het interesseert ze geen biet. Ze rijden Opel omdat ik bij Opel werk, maar het zijn geen *Opel*-rijders!'

'*Value for money*', zoals het in de internationale business genoemd wordt: veel auto voor een redelijk bedrag, relatief lage onderhoudskosten, een hoge restwaarde bij inruil, en een groot dealernetwerk – dat waren altijd de *selling points* van Opel. Plus natuurlijk het feit dat het een Duitse auto is, Made in Germany. Althans ontwikkeld in Duitsland. Auto's, ook die van Opel, kunnen overal ter wereld samengesteld worden, geassembleerd met onderdelen die ook van overal ter wereld aangevoerd worden. Maar het specifieke, dat wat een auto typisch Duits doet zijn, typisch Frans of typisch Italiaans, wordt bepaald door het hart van het bedrijf, het DNA, en dat zit 'thuis' bij Development. Voor Opel is dat in Opel-stad Rüsselsheim am Main, geboorteplaats van Adam (sic!) Opel.

Wat maakt Opel, eigendom van het Amerikaanse General Motors, tot zo'n iconisch Duitse auto? Jan Willem Oskam: 'Stevige stoelen, stevig onderstel, goede materialen, degelijke afwerking, betrouwbaarheid. Alle functies zitten erin maar geen poeha. Je voelt het als je erin gaat zitten en bijvoorbeeld gaat schakelen. Bij een Fransoos is het een beetje roeren in de pot, bij een Duitse auto is het tjak, tjak, tjak.'

Sinds een jaar of zes is Opel zijn merk en imago aan het upgraden. Innovatie, gadgets, meer oog voor design. De presentatie van de nieuwe Adam vond plaats in hartje Amsterdam, met hippe modedames en al. 'Eigenlijk on-Opels,' vindt Jan Willem Oskam, maar de wereld verandert en de concurrentie is groter geworden. 'Als je het gemaakt hebt als zakenman, rijd je geen Opel maar Audi, BMW of Mercedes. Voor hen ontwikkelde Opel de Insignia als auto die tegen die merken op kan. En voor het Gooi en omgeving een hebbedingetje als de Adam. Of je er nou veel van verkoopt of weinig, dat doet er niet zoveel toe. Het gaat om het imago. Opel is innoverend, dat moet de boodschap zijn.'

En dus kijkt in de daarop afgestemde Opel-commercial een ventje over de schutting en zegt tegen de buurman: 'Mooie auto, buurman.'

'Ja,' zegt buurman.

'Heeft u ook wifi in de auto?'

'Nee.'

'Heeft u ook een OnStar Smartphone app?'

'Nee... eh...'

'Kunt u zich dan geen Opel permitteren?'

16

Poltergeist in de oude stad

Ze zullen het nooit hardop gezegd hebben, maar stiekem vonden veel van de naoorlogse stedenbouwers het Duitse bombardement op Rotterdam een geluk bij een ongeluk. Het gaf namelijk alle ruimte en gelegenheid om Rotterdam als een moderne, rationele stad weer op te bouwen. Zo wilde men ook de verkrotte binnensteden van Amsterdam, Utrecht, Groningen, Dordrecht, Den Haag, Leiden, Deventer en andere, met uitzondering van Groningen, nauwelijks door oorlogsgeweld getroffen steden saneren en herinrichten. Uitgangspunt van de modernisering was het principe van de functionele stad, de stad waarin de functies wonen, werken, winkelen en recreëren van elkaar gescheiden waren, evenals de soorten verkeer. Dat laatste vormde bijna altijd het begin van het denken over herstructurering van de oude stad, verstopt als die raakte door het fors toegenomen autoverkeer. Als eerste moest er dus een verkeersplan komen waarvoor, o ironie, vaak een expert uit Duitsland werd aangetrokken. Daar was na de oorlog immers veel kennis en ervaring aanwezig omtrent de inrichting van steden die opnieuw moesten beginnen. Cityvorming heette de oplossing: oude wijken saneren (= slopen) en doorbraken maken om het autoverkeer te kunnen laten doorstromen tot in de binnenstad.

De city zou geen plek zijn om te wonen; daar moest in kantoorpanden en aan winkelboulevards het geld worden verdiend – zoals in Amerikaanse steden. 'Cityvorming,' aldus de historicus Herman de Liagre Böhl in zijn boek *Steden in de steigers. Stadsvernieuwing in Nederland*, 'moest het sluitstuk van de wederopbouw na de oorlog worden.'

In Utrecht was Hoog Catharijne daarvan het in het oog springende resultaat. In de *Nota Toekomst Oude Stad* (november 1956) zetten burgemeester en wethouders de keuze helder uiteen. Wilde men een 'levende stad' en geen 'museum', dan moest de binnenstad ook in de toekomst bereikbaar blijven voor het autoverkeer. Ir. Max Erich Feuchtinger uit Ulm werd aangetrokken voor het maken van een plan. 'Onderzoek van Amerikaanse allure', verwelkomde het *Nieuw Utrechts Dagblad* het twee jaar later gepresenteerde Verkeersplan van Feuchtinger. Dat voorzag onder meer in twee nieuwe noord-zuid- en twee nieuwe oost-westverbindingen door de stad en de aanleg van een ringweg rond de binnenstad, waarvoor alvast de verkommerde, van oorsprong deftige negentiende-eeuwse Stationsbuurt tegen de vlakte ging en het ook nodig was (een deel van) de singels te dempen. Met dat laatste, de eventuele demping van de singels, kwam de oppositie in beweging. 'Krankzinnig en schandalig,' foeterde de Utrechtse dichter Jan Engelman. Het ministerie van Onderwijs, Kunsten en Wetenschappen verklaarde de singels tot beschermd monument. Ook toen na de verkiezingen van 1970 een heel ander stadsbestuur aantrad en er een streep ging door veel van de voornemens, een gedeeltelijke door het singelplan, was er al te veel in gang gezet en gesloopt om te kunnen verhinderen dat prinses Beatrix op 24 september 1973 Hoog Catharijne, het in die tijd grootste winkelcentrum van Europa, opende.

Op meer terreinen deed zich halverwege de twintigste eeuw een radicale breuk voor. Het waren niet enkel de gruwelen van de Tweede Wereldoorlog die daar de aanzet toe gaven. Maar de ontzetting over de afgrondelijke misdadigheid van het Duitse naziregime was zo groot dat men in brede kring ervan overtuigd was dat de Europese cultuur op de oude voet niet verder kon gaan. Op z'n allerpregnantst is dat verwoord door de filosoof Theodor W. Adorno: 'Na Auschwitz gedichten schrijven is barbaars.' Lucebert stelde vast: 'Schoonheid heeft haar gezicht verbrand.' Er moest een radicaal nieuw begin gemaakt worden, het was tijd voor een *Stunde Null*.

Duitsland is behalve van Denkers en Dichters ook het land van de grote componisten, en met het serialisme bewerkstelligde Karlheinz Stockhausen in de klassieke muziek een radicale breuk met het verleden. In de stedenbouw brak een soort architectonisch serialisme door, waarvoor Le Corbusier in het interbellum het fundament had gelegd en waarvan in Nederland de Amsterdamse Bijlmermeer de naoorlogse uitkomst was. Een satellietstad met flatgebouwen in een parkachtige omgeving, waarin de functies wonen, werken, verkeer en recreatie strikt gescheiden zijn. Een zuivere beleving van licht en 'het zelfbewuste, rigoureuze en magnifieke spel van vormen daarin'.

In Groningen moest het befaamde plan-Goudappel (1969, Adviesburo voor verkeersordening Goudappel en Coffeng te Deventer) de Parel van het Noorden over de drempel van de nieuwe tijd heen helpen. Met drastische verkeersdoorbraken om de mensen die buiten wonen, in de idylle van het platteland, per auto naar hun werk in de stad te laten komen of om er inkopen te doen. Rijdend vanuit het zuiden bijvoorbeeld, via de Emmabrug en het Emmaplein naar het Zuiderdiep, dat een verkeersbaan met zes stroken zou worden. Aan de noordkant voerde een doorbraak het verkeer door de Hortusbuurt links en rechts langs de Nieuwe Kerk, die op een Vluchtheuvel zou komen te staan. Vanuit het oosten zou een brede baan het verkeer over het Damsterdiep via de Steentilstraat naar het Zuiderdiep doen doorstromen. De Oosterpoort, grote delen van de Oosterparkwijk, maar ook binnenstadsbuurten als Folkingestraat en Lutkenieuwstraat zouden afgebroken worden. Grotendeels verloederde negentiende-eeuwse volkswijken waren dat. Met kleine, ongezonde woningen en nauwe straatjes. De stijl van de Amsterdamse School, waarin te slopen panden her en der opgetrokken waren, ondervond in die jaren weinig waardering. Maar ook hier stak begin jaren zeventig een nieuwe wind op, waarvan wethouder Max van den Berg de aanjager was. Hij organiseerde een soort Bende van de Zwarte Hand om zich heen met onder anderen de filosoof Lolle Nauta en de architecten en stedenbouwkundigen Herman Hertzberger (ook in Utrecht actief), Maarten Schmitt (later in Den Haag), en Hans Latta uit Oldenburg (!), die stadsvernieuwing en menselijke maat centraal stelden in plaats van grootschaligheid en suburbanisatie.

In Dordrecht had het niet veel gescheeld of daar zou de moderniteit 't Hof zo niet opgeruimd dan wel ernstig verrinneweerd hebben, dat nu het nieuwe kloppende hart is van Hollands oudste stad. Het voormalige augustijnenklooster werd na de revolutie van de reformatie en de opstand tegen de koning van Spanje verbouwd tot Prinsenhof. Alle oud-Hollandse steden van enige importantie kenden kloostercomplexen in het midden van de stad die onder de nieuwe heerschappij dienstdeden als bestuurs- en vergaderruimtes en waar ook de prinsen van Oranje konden logeren als ze in de stad waren. Zulke mooie en herkenbare Prinsenhoven vind je nog in Amsterdam: waar het vroegere stadhuis stond, in Haarlem: schuin achter het stadhuis, in Delft de bekendste, en in Dordrecht de mooiste. Omdat deze gebouwen door de eeuwen heen veelal hun bestuurlijk-representatieve functies behielden, zijn ze ook redelijk bewaard gebleven. Maar in Dordrecht loop je er makkelijk aan voorbij. Verborgen achter het Groothoofd ligt een verbazend gaaf laatmiddeleeuws stukje stad met een kleine wirwar van hoekige straatjes, boogjes, pleintjes, kapel, kerk en in een hoek in de voormalige refter van het klooster de plaats waar in 1572 de Eerste Vrije Statenvergadering plaatsvond. Een meer dan historisch moment in de wording van de onafhankelijke Republiek der Verenigde Nederlanden. Hier kwamen vertegenwoordigers van de burgerij, adel en geestelijkheid uit twaalf steden op eigen initiatief, en dus onwettig, bijeen en kozen ze Willem van Oranje tot hun stadhouder en leider van de opstand tegen de koning van Spanje.

Ook hier werden in de jaren vijftig en zestig plannen gemaakt en deels uitgevoerd voor verkeersdoorbraken en sanering van de verpauperde binnengebieden van Dordt. Licht, lucht, gezondheid werd het parool: licht, lucht en ruimte ook voor de gewone mens. En dus werd er gesloopt, tot op de drempel van het Hof. Bij het Hof, het Marktplein dat nu Statenplein heet, waar V&D zit, begon in feite al de oprit naar de Papendrechtse brug. Die ging nog net niet door het Hof heen, liep er omheen, maar al heel snel na het Hof boog de uitvalsweg af naar de rivier.

Maart 2012 besloot de gemeenteraad van Dordrecht 16 miljoen euro uit te trekken voor de verbouwing en inrichting van het Hof tot een oord waar men het verleden en de nationale glorie van Dordt als een *experience* kan beleven, 'een totaalervaring door een innovatieve combinatie van archiefstukken, objecten en virtuele toepassingen'.

Amsterdam sloopte de Nieuwmarktbuurt om eronderdoor de tunnelbuis voor de metro naar de Bijlmer aan te leggen. Op de tunnelbuis was een royale verkeersweg tot aan het Damrak gedacht. Uit de Nieuwmarktrellen die hieruit voortvloeiden, werd de Amsterdamse kraakbeweging geboren, en die droeg in aanzienlijke mate bij aan een proces van omdenken bij politici en stedenbouwers. Dat leidde halverwege de jaren zeventig tot nieuw beleid, stadsvernieuwing: geen cityvorming, geen grootschalige nieuwbouw, maar bouwen voor de buurt met een zo gering mogelijke verstoring van de bestaande sociale en stedenbouwkundige structuur. Herman de Liagre Böhl in *Steden in de steigers*: 'Dankzij de stadsvernieuwing hebben de meeste steden nu een levendige historische binnenstad, omringd door dichtbebouwde, goed opgeknapte en gemoderniseerde negentiende- en vroegtwintigste-eeuwse wijken. In die gordel van vooroorlogse buurten bevindt zich een grote voorraad betaalbare woningen. Er leeft een bevolking die qua inkomen, scholing en etniciteit gemengd is. Met deze stadsvernieuwing is een grote prestatie geleverd. Volgens het onderzoeksrapport *Stadsvernieuwing in de jaren tachtig* dat in opdracht van het ministerie van Volkshuisvesting, Ruimtelijke Ordening en Milieubeheer (VROM) werd opgesteld, is er in dit beleidsproces alleen al in de jaren 1980-1989 in totaal 105 miljard gulden geïnvesteerd.'

17

Quatsch, die Duitse Kampfgeist?

'Duitse orders voor Nederlandse soldaat', zette NRC *Handelsblad* als kop boven een stuk over de samensmelting van een Nederlands en een Duits legeronderdeel in de *Division Schnelle Kräfte*. Het zijn woorden waarin voor de oudere lezer nog iets van verbazing, lichte ontzetting zelfs doorklinkt. Die zal zich herinneren dat er een tijd was, nog niet zo lang geleden, dat men zwoer: 'Nooit meer Duitse uniformen.' Maar toen kwam daar een nieuwe vijand uit het oosten, de Sovjet-Unie, waartegen Europa samen met de Verenigde Staten een sterke eenheid moest vormen. En dus werd (West-)Duitsland herbewapend en hulden zich weer Duitsers in soldatenuniform. Bescheiden in aantal voorlopig, ook qua actieradius: niet buiten de eigen landsgrenzen. En bescheiden in aanzien: geen *Stahlhelme*, geen parades en de soldaten gekleed in nauwelijks soldatesk te noemen uniformen.

En dan vanaf 12 juni 2014 een volledige fusie van 2000 Nederlandse en 8500 Duitse luchtmobiele militairen in een onder Duits bevel staande divisie, bedoeld om snel te kunnen worden ingezet in internationale crisissituaties. Nog niet eerder vertoond en een mijlpaal, volgens militaire deskundigen. Een revolutionaire nieuwe vorm van militaire samenwerking en een eerste stap op weg naar een Europese legermacht. Weliswaar bestaat er al sinds 1995 een Duits-Nederlands Legerkorps, met hoofdkwartier in Münster, maar daarin werken de twee autonome bestanddelen als in een latrelatie samen. De Division Schnelle Kräfte echter zal bij oefeningen en missies met alles wat er aan vliegtuigen, helikopters, parachutisten, infanteristen en voertuigen bij hoort, opereren als een geïntegreerd geheel onder Duits bevel. Wat ook vragen oproept omtrent het soevereiniteitsprincipe. Ook al blijft van beide parlementen toestemming vereist voor een daadwerkelijke inzet in crisisgebieden, toch dwingt alleen al het hebben van zo'n gezamenlijke interventiemacht tot verregaande afstemming van elkaars buitenlandse politiek, tot inschikkelijkheid over en weer. Ook een consequentie is dat beide landen meer voor elkaars veiligheid verantwoordelijk zullen zijn.

Het heeft geen zin te proberen zo'n ontwikkeling tegen te houden, zou een deterministisch *angehauchte* historicus kunnen zeggen. De lotsbestemming van Duitsland en het Duitse volk is immers militair te zijn.

Quatsch?

Nee, hij zal verwijzen naar het leger van de Pruisen, de meest effectieve tegenstander indertijd van Napoleon en zijn *Grande Armée*. En naar de Pruisische generaal Carl von Clausewitz (1780-1831), die met *Vom Kriege* 's werelds invloedrijkste boek schreef over militaire strategieën. Iedereen kent van hem het adagium: 'Oorlog is de voortzetting van politiek met andere middelen.' De Pruisen veroverden Parijs in de Frans-Duitse oorlog van *siebzig/einundsiebzig* (1870-'71) en proclameerden daar het verenigde Duitsland met de slogan '*Ein Krieg, ein Reich, ein Kaiser.*'

Van de middeleeuwen tot in de negentiende eeuw fungeerde het staatkundig waanzinnig versnipperde Duitsland als het slagveld van Europa. Duitsland was een natie zonder natuurlijke grenzen; het *Land der Mitte* werd omringd door vijanden. De Vrede van Augsburg, die in 1555 een einde maakte aan een reeks bittere godsdiensttwisten, luidde de langste vredesperiode in de Duitse geschiedenis in. Een vrede die welgeteld 63 jaar duurde. Pas in de eenentwintigste eeuw, nadat Duitsland kort na elkaar twee zelf ontketende wereldoorlogen had verloren, werd dit record gebroken.

Hoe uitzonderlijk en nauwelijks te bevatten dit is (en was), laat zich lezen in het boek *Herkunft* van Botho Strauss (1944), als *Herkomst* in Nederlandse vertaling verschenen in 2015. Daarin beschrijft Strauss de levens van zichzelf en van zijn vader. Dat van zijn vader was getekend door oorlog, zijn eigen leven door het ontbreken ervan. 'Ik heb meer dan twee generaties vrede meegemaakt. Het is waarschijnlijk moeilijk voor te stellen dat het voorgoed zo doorgaat.'

Is er zoiets als een Duitse lust tot vechten, of is de vraag alleen al een kwestie van Quatsch? Duitsers weten wat vechten is, noodgedwongen of uit vrije wil. Duitsers hebben *Kampfgeist*, in het Duitse voetbal ook een zeer toegejuichte eigenschap. En Duitsers hebben dan weliswaar de vechtKUNST niet uitgevonden, maar wel gekoesterd en bewaard. En in die Duitse traditie leren ze vechten in Nieuwegein, Zwolle en Rotterdam op trainingsavonden van Zwaard & Steen. Vechtkunst met het langzwaard, zoals meester Johannes Liechtenauer die onderwees op zijn reizen langs de vorstenhoven in Zuid-Duitsland.

Drieëntwintig mannen en drie vrouwen op een maandagavond in een gymnastiekzaal van een school en twee instructeurs die hen trainen: val breken, heupzwaai, en dan het echte werk: vechten met het langzwaard. In een tweede gymnastiekzaal leert een instructrice acht beginners hoe ze het langzwaard moeten vasthouden, wat de beginpositie is, en wat een rechter *Oberhau*.

Dit is de Nieuwegeinse afdeling van de Stichting en Theatergroep Zwaard & Steen. De naam is ontleend aan een gedicht van Shakespeare, sonnet 55, dat Zwaard & Steen-oprichter en -voorzitter Cor Kronenburg uit zijn hoofd kent en reciteert. Zoals hij even later ook zal doen met de in het Oudduits gestelde kernstukken van de leer van vechtmeester Liechtenauer. Shakespeare dicht over de tijd die alles vernietigt en tot vergetelheid doemt, zelfs de steen en het zwaard, maar niet de jongen die hij bezingt en die door dit sonnet onsterfelijk wordt.

In 1996 las Cor Kronenburg te Oldenzaal in een krant een stukje over een leraar uit Zutphen die lesgaf in historische schermkunst. Hij erheen. Het was het soort duelleren dat gespeeld werd in historische films met types als Errol Flynn en later in *Star Wars* en *Lord of the Rings*, stuntvechten volgens de methode Bob Anderson. Een beetje nep eigenlijk, ontdekte Cor Kronenburg, technisch sales manager van beroep in die dagen. Hij ging zich breder oriënteren en zoeken naar bronnen van historische vechtkunst en geschriften van en over oude vechtmeesters. Zo kwam hij in Zuid-Duitsland terecht, bij de veertiende-eeuwse Johannes Liechtenauer en bij de monniken die Liechtenauers vechtkunst hebben geboekstaafd, toegelicht en verspreid – zoals de apostelen deden met de leer van Jezus die ze Christus noemden.

Rond de recente eeuwwisseling bloeide de belangstelling voor de historische krijgskunsten op in Europa, in het bijzonder voor de middeleeuwse. Vanaf die tijd ook is in Europa een ware queeste begonnen in archieven en bibliotheken naar oorspronkelijke teksten en op schrift gestelde instructies. Wereldwijd zijn er ruim vijfduizend mensen die op zo authentiek mogelijke wijze het vechten met het langzwaard beoefenen, voornamelijk in de Duitse traditie. Zo'n zeshonderd in Nederland en België. Nederland telt tien clubs, verenigd in *Historical European Martial Arts* (H.E.M.A.) en als sportbond aangesloten bij NOC*NSF. Zwaard & Steen is met 115 deelnemers een van de grootste verenigingen. Ze demonstreren hun Duitse vechtkunst in workshops, op seminars en bij toernooien in Europa, zelfs tot in Australië.

Toevallig is het niet dat uit Zuid-Duitsland en het aangrenzende Zwitserland van oudsher zoveel huursoldaten kwamen, die zich eeuwenlang in de rest van Europa lieten engageren als vechtersbazen. Zoals ook door onze Willem van Oranje, toen die de Tachtigjarige Oorlog in de Lage Landen begon. In Zuid-Duitsland woedden in de middeleeuwen voortdurend oorlogen en oorlogjes, en daar hadden de graven, bisschoppen, baronnen en hertogen voortdurend behoefte aan geoefende strijders, aan bedreven vechters op het wapen van toen, het langzwaard. Een zwaard van 1,10 meter waar ze ook in Nieuwegein (en Zwolle en Rotterdam) *bloss* mee vechten. Voor *Ross* vechten heb je behalve het langzwaard nog een paard nodig, voor *harnisch* vechten een harnas.

'Een vechtmeester,' zegt Cor Kronenburg, 'iemand als Johannes Liechtenauer, meldde zich bij een hof, liet zien wat hij kon en zei: "Betaal mij en ik train je ridders tot goede vechters."' Leerlingen en exegeten schreven zijn methodieken op, en zo verbreidde zich Liechtenauers leer. De priester Hanko Döbringer was van hen een van de eersten met zijn *Hausbuch* (uit 1389). Het is een *how to*-boek over van alles. Naast tips en instructies hoe je een duikpak moet maken of het beste een paard kunt berijden, staan er vechttechnieken in beschreven zoals die door Liechtenauer werden onderwezen – in rijmende verzen. Bijvoorbeeld deze regels: *'Krumpf auf die Hände/ Wirft den Ort auf die Hände.'*

Wat staat hier en wat betekent het?

Cor Kronenburg: '*Ort* is in het Oudduits een onderdeel van het zwaard, de punt. Dus de tweede regel zegt: Gooi de punt op de handen. Dan *Krumpf* in de eerste regel. We weten dat een *Krumpfhau* een kromme, een gehaakte slag is. Maar je weet dan nog niet wat je moet doen. Hoe sta je? Sla je de kromme slag van links naar rechts of van rechts naar links? Hoe reageer je als de tegenstander net op dat moment een andere positie aanneemt? Dat proberen we allemaal nauwkeurig te reconstrueren aan de hand van manuscripten met uitleg en commentaren.'

Waarom toegespitst op de middeleeuwse krijgskunsten en niet op bijvoorbeeld de nog veel oudere Romeinse vechtkunst of die van de Grieken?

'Daar weten we ook vrij veel van door afbeeldingen op kruiken, potscherven, mozaïeken en dergelijke. Maar wij hebben bóeken uit de middeleeuwen. Daarin staan hele systemen genoteerd, waarop we een leergang kunnen baseren met themablokken. Zodat we met recht kunnen zeggen: "Alles wat we doen, staat ook zo beschreven."'

En waarom juist Duitse vechtkunst, de Duitse traditie?

'Omdat we daar het meeste van weten. Frankrijk en Engeland, om maar eens twee grote strijdnaties te noemen, kenden natuurlijk ook vechtmeesters. En van hen zal ook het een en ander in geschrifte bewaard zijn gebleven. Maar hoe en wat en waar? We weten het niet, want we kunnen er niet bij. Veel van de archieven en collecties daar zijn privé of anderszins afgesloten. In Duitsland niet. Daar is krijgskunst openbaar cultuurgoed.'

18

Reisje langs de Rijn Rijn Rijn

Nederland bestaat uit puinzooi van de Rijn aan de ene en aanslibsel van de zee aan de andere kant. Dat is de kijk van iemand als Johannes Jacobus (Co) de Vries, emeritus hoogleraar geohydrologie aan de Vrije Universiteit te Amsterdam. Kijk je er vervolgens op zijn Duits naar, met Richard Wagner bijvoorbeeld, dan begrijp je ook waarom zoveel Nederlanders eens in hun leven een Rijnreis willen maken, zoals mijn moeder.

De grote Europese rivieren hebben in de loop der tijden een enorme waaier van zand en grind uitgestort in het bekken van de Noordzee. Germaans puin vooral, want het werd grotendeels door de Rijn aangevoerd, en dat puin is het fundament van het tegenwoordige Nederland. Professor De Vries pakt een stuk papier en trekt twee lijnen vanuit een vertrekpunt waar nu Winterswijk ligt. Bij Winterswijk houdt de harde bovenkant van Duitsland op, de bovenrand van het continent, en begint het bekken van de Noordzee, de puinstort van de Rijn. De bovenlijn daalt van Winterswijk geleidelijk tot waar ongeveer Katwijk aan Zee moet liggen. De tweede lijn eronder volgt licht dalend enige tijd de bovenlijn en schiet ter hoogte van Amersfoort scherp naar beneden, om onder Katwijk een diepte van 250 meter te bereiken. Bij Amersfoort eindigt de puinstort uit de Rijn. Vandaar volgt de tweede lijn dus het oppervlak van de continentale ondergrond, waarboven tot 6000 v.Chr. diep water stond, het latere West-Nederland.

Co de Vries: 'Door stijging van de zeespiegel kwam circa achtduizend jaar geleden het huidige kustgebied onder invloed van de zee. De branding wervelde het ondiepe zand op, waardoor er brandingstroggen, strandwallen en eilanden ontstonden. Achter die strandwallen en eilanden, waar het zeewater rustiger was, werd materiaal afgezet, vooral kleideeltjes, en daar krijg je dan een waddengebied, en als dat verder uitgroeit, een kweldergebied. Vrijwel heel West- en Noord-Nederland zijn zo ontstaan, in een kustvorm die geologisch aangeduid wordt als een lagune. Later, toen in West-Nederland de kust afgedicht werd, de strandwallen een aaneengesloten brede duinenrij gingen vormen, kon het overtollige water niet meer vrij naar zee afstromen. Zo werd het hier steeds natter en ontstond boven op die kwelderklei een vaak wel tot tien meter dik veenpakket. Dat is dan de situatie van West-Nederland in de achtste eeuw ongeveer.'

Tussen het westen beneden en het oosten boven de zeespiegel loopt de O-NAP-lijn diagonaal door Nederland, van Goes in het zuidwesten naar Groningen in het noordoosten. In het lage westen kijkt men over zee naar Engeland en richting Amerika. Het hoge oosten zit vast aan het Duitse continent.

Dan nu het (Duits geïnterpreteerde) verhaal over mijn moeder. Ze werd geboren en groeide op aan de Drentse kant van het Groningse Zuidelijk Westerkwartier. Op het zand, op het vergruizeld puin van de Rijn dus. Ze trouwde met een man, mijn vader, die geboren en getogen was net aan de andere kant van de NAP-lijn, op laagveen voornamelijk.

Mijn moeder wilde graag ook eens op vakantie, liet ze weten toen ze al niet zo jong meer was. Mijn vader, een eigenzinnige boer, vond vakanties overbodige onzin. 'Het is in de Zuidpolder ook mooi,' zei hij. In de Zuidpolder had hij zijn land liggen; daar hooide hij in de zomer en molk er het grootste deel van het jaar zijn koeien. (Hij vond het waarschijnlijk ook zonde van het geld, maar dat zei hij niet met zoveel woorden.) Daarmee was, wat hem betreft, het onderwerp afgedaan. Maar niet voor mijn moeder. Die wilde wel eens wat anders en, net als de meeste mensen, ook op vakantie gaan.

Op een zaterdagochtend stond mijn moeder met mantel en valiesje onder aan de trap en zei: 'Nou, dag hoor.'

'Wat ga je doen?' vroeg mijn vader.

'Op vakantie,' zei mijn moeder. 'Dat zei ik toch!'

'Dat zei je toch?'

'Ja, en Frouk gaat mee. Een Rijnreis.' Frouk was haar oudste zuster, sinds lang weduwe.

Mijn moeder en tante Frouk troffen elkaar op het station in Groningen en reisden naar Arnhem, waar ze op de boot stapten. Een week later was ze terug.

'Zo, je bent er weer,' zei mijn vader.

'Ja,' zei mijn moeder, 'en volgend jaar gaan we weer.'

Een jaar lang heeft mijn vader het opnieuw niet willen geloven. Zodat hij op een zaterdagochtend tot zijn verrassing weer mijn moeder met mantel en valiesje onder aan de trap zag staan en haar hoorde zeggen: 'Nou, dag hoor.'

Het derde jaar ging mijn vader mee op Rijnreis met

mijn moeder. Het jaar daarop huurden ze voor een week een huisje op de Veluwe.

Als mijn moeder zich echt iets in het hoofd had gezet, kreeg ze bijna altijd haar zin. Maar waarom aarzelde ze in dit geval zo lang, tot haar vijfenzestigste, om voor het eerst van haar leven op vakantie te gaan? Natuurlijk had ze dat graag samen met haar man willen doen, want dat hoorde zo. Toen die halsstarrig bleek, wachtte ze tot ze vijfenzestig werd en AOW kreeg en met haar eigen geld de Rijnreis kon betalen.

Dat het een Rijnreis werd die eerste keer (en een tweede keer, daarna nog een derde keer met haar echtgenoot, voor wie het de eerste keer was), sprak vanzelf. Duitsland was het natuurlijke buitenland om op vakantie naartoe te gaan, sowieso het eerste buitenland in de vakantiecarrière van de generaties van mijn moeder en ook nog daarna. En de Rijn, met zijn majestueuze oevers, berghellingen en romantische stadjes, en niet te vergeten de verhalen uit vroeger tijden, was het summum.

Op en langs de Rijn in Duitsland kun je je als sterveling opgenomen wanen onder de goden. De Rijn zelf is de mythe. Richard Wagner liet er de wereld ontstaan, het begin van zijn opera *Das Rheingold*, en zette vanuit de Rijn-opmaat de handeling in gang van *Der Ring des Nibelungen*, die de daaropvolgende vier avonden in beslag neemt. En een beetje zwaarmoedige romanticus die een eind aan zijn leven wilde maken, sprong in de Rijn. De hyperromantische componist Robert Schumann probeerde het, vier jaar na het voltooien van zijn derde symfonie met de bijnaam *'Rheinische'*, bij Düsseldorf. Hij werd, o ironie, uit het water gered door een nuchtere Nederlandse schipper. Daarna werd Schumann krankzinnig.

Japi, de uitvreter in het gelijknamige verhaal van Nescio, deed het bij Nijmegen, waar de Rijn onder een andere, nuchterder naam langs stroomt. 'Op een zomermorgen om half vijf, toen de zon prachtig opkwam, is hij van de Waalbrug gestapt. De wachter kreeg hem te laat in de gaten. "Maak je niet druk, ouwe jongen," had Japi gezegd, en toen was i er afgestapt met zijn gezicht naar het Noord-Oosten. Springen kon je het niet noemen, had de man gezegd, hij was er afgestapt. Op zijn kamer vonden ze een stok die van Bavink had gehoord en aan de muur zes briefjes met G.v.d. er op en één met "Ziezoo".'

Niet dat mijn moeder en vader dagelijks stilstonden bij wat die rivier allemaal teweeg kon brengen, maar dat er iets was met die Rijn, moeten ze wel degelijk beseft hebben.

(Duitsland neemt vanaf 2007 de eerste plaats in op de ranglijst van Nederlandse vakantiereizen. Het waren er toen circa 2,9 miljoen en 3,4 miljoen in 2013 – waar er 2,6 miljoen naar Frankrijk gingen.)

19

Schlager Ten Damme

Op welk toeristisch terras ter wereld ook, laat merken dat je uit Nederland komt en de muzikanten van dienst spelen 'Tulpen uit Amsterdam'. Terwijl het een puur Duitse schlager is. In 1956 gecomponeerd door Ralf Arnie, met de bloemenwals uit Tsjaikovski's *Notenkrakersuite* in zijn achterhoofd, op teksten van Klaus Günter Neumann en Ernst Bader. Een jaar later, nog na België, verscheen de Nederlandse versie van Herman Emmink, met een opmerkelijk verschil. In het Duitse voorbeeld zingt de zanger:

'Antje, ich habe dich so gerne,'
sagte zum Meischen der Jan.
'Morgen muss ich in die Ferne,
Antje was machen wir dann?'
Und bei der uralten Mühle
küssten zich zartlich die zwei.
'Ich hab dich so lieb
und du hast mich lieb,
ach, Antje, ich bleibe dir treu.'

Het is een tekst die ertoe doet, want het is het enige couplet tussen de twee refreinen, dus hier wordt het drama uiteengezet. En daar maakte de Nederlandse tekstdichter van:

Jan uit de polder zei:
'Antje, ach kind, wat mag ik jou graag!
Hoe moet dat nu, liefste Antje?
Morgen ga ik naar Den Haag.'
En bij de oeroude molen...
Enzovoort.

'Morgen muss ich in die Ferne' versus 'Morgen ga ik naar Den Haag': Duitse romantiek tegenover een eh... een geintje?

Een schlager is wat na de Tweede Wereldoorlog een hit ging heten, een succeslied. Het woord is afgeleid van *schlagen*: slaan, inslaan. Een schlager is iets wat inslaat. Zodra dat Duits is, blijkt men er bij de Hilversumse popradio moeite mee te hebben. Ellen ten Damme presenteerde begin november 2014 haar nieuwe cd *Berlin* in het 3FM-programma van Giel Beelen en zong het nummer *Ich liebe wie du lügst*. Het begon er al mee dat presentator Beelen zich hoorbaar niet op het noemen van de titel had voorbereid en van *lügst* 'loegst' maakte. Vervolgens sprak hij *Berlin* op z'n Engels uit. En nadat Ellen ten Damme was uitgezongen, las hij sms-reacties van luisteraars voor als 'Wauw' en 'Ze laat die vieze taal gewoon lekker klinken' en *'Affentietengeil'* en 'Zingt Duits op de Nederlandse radio en komt er nog mee weg ook.' (Het fragment is in zijn geheel te vinden op internet.)

De ontvangst van haar Duitse repertoire is inderdaad nogal uiteenlopend, zegt Ellen ten Damme. 'Heel soms zegt iemand na afloop van een optreden: "Hou toch eens op met dat Duits." Maar de meest gehoorde opmerking is: "Ik wist niet dat Duits ook zo mooi kon klinken." Mensen die dat zeggen, hebben kennelijk altijd nog de associatie met die man met die snor die staat te schreeuwen. In de oostelijke provincies is dat veel minder. Daar kopen ze ook veel meer de Duitstalige cd. Ja, en de radio. Omdat het Duits is, draait Radio 3 het niet. Past niet in het format, wordt gezegd. Terwijl niemand het heeft over het Frans van Stromae.'

Ellen ten Damme is geboren uit Winterswijkse ouders die goed Duits spraken en vertrouwd waren met de Duitse cultuur. 'Für mich soll's rote Rosen regnen' van Hildegard Knef was het lievelingslied van haar vader. Het is een van de nummers op haar cd *Berlin*. Frans, Duits en Engels maakten deel uit van haar eindexamen atheneum in Leek (Gr.). Een studie Nederlands in de stad Groningen brak ze af voor muziek (viool, piano en gitaar) en de Kleinkunstacademie in Amsterdam. Daar kwam ze in aanraking met het repertoire van Bertolt Brecht. Bij een voorstelling over *Auswanderer* die in de jaren dertig nazi-Duitsland ontvluchtten – schrijvers, filmers, componisten, Marlene Dietrich – nodigde Nina Hagen haar uit mee te doen aan een benefietavond in Berlijn voor vrouwen in Afghanistan. In de zaal zat Udo Lindenberg, die haar vroeg wat van haar muziek naar hem op te sturen, en zo belandde ze in zijn rockshow.

Intussen had ze ook als actrice enige bekendheid gekregen in Duitsland, dankzij *De tranen van Maria Machita* (1991) van Paul Ruven, die op festivals prijzen won. Ze speelde in *Tatort* en andere Duitse series. Ze trouwde met de Duitse acteur Markus Knüfken en scheidde na tien jaar van hem. Ze nam deel aan de Duitse voorronde voor een Eurovisie Songfestival met 'Plattgefickt', een door Udo Lindenberg gecomponeerd protestlied tegen de Bush-oorlog in Irak, dat ook nadat het *umbenannt* was in 'Plattgeliebt' niet verkozen werd.

Na vijftien jaar toeren met Udo Lindenberg, tot in China, vond ze het tijd worden om zich op een carrière in Nederland te concentreren. 'En gek genoeg pas vorig jaar, in 2014, bedacht ik: laat ik eens een cd maken met mijn Duitse repertoire, eindelijk. Tot dan waren het altijd mijn eigen liedjes geweest.' *Berlin* is opgenomen in het Amsterdamse Concertgebouw. De cd, die vier maanden in de Nederlandse top tien stond, bevat klassieke Duitse schlagers als 'Koffer in Berlin' (Ralph Maria Siegel, Aldo Pinelli), 'Lili Marleen' (Norbert Schultze, Hans Leip – Lale Andersen), 'Ich weiss nicht zu wem ich gehöre' (Friedrich Hollaender), 'Von Kopf bis Fuss' (idem – Marlene Dietrich), 'Seeräuber Jenny' (Kurt Weill, Bertolt Brecht), 'Gute Nacht, Freunde' (Reinhard Mey) en bewerkingen als 'Ich liebe wie du lügst' (naar Love The Way You Lie door Rihanna), 'Tanz' mich' (Leonard Cohen) en eigen liedjes op teksten van Ilja Leonard Pfeijffer en Harry Mulisch.

Na de klassieke muziek bij haar ouders, die ze op zeker moment 'natuurlijk truttig' vond, en het tijdperk van de popmuziek die erop volgde, is ze de Duitse liedkunst weer mooi gaan vinden. Franse chansons trouwens ook. 'Muziek en teksten die ergens over gaan en die direct op elkaar aansluiten. Brecht en Kurt Weill waren daar heel goed in. Theatrale uitbeelding, expressionisme, ik probeer dat zelf ook in mijn liedjes.'

Terugkijkend lijkt het of haar carrière een aaneenschakeling van toeval is geweest, van het ene concert in een andere film enzovoort. Maar een constante was altijd de aantrekkingskracht op een of andere manier van Duitsland. Taal, cultuur, de hoffelijkheid ('heel prettig als je daar werkt'), de geschiedenis. 'Zo'n Angela Merkel vind ik super. Ze is van de CDU en toch een enorm progressief mens. Men zit nog met een enorm schuldgevoel in Duitsland. Ik merk het ook bij concerten. Jonge mensen, die er zelf niks mee te maken hadden, zitten ermee opgescheept. En ze lopen er niet voor weg. In de tijd dat ik er heel veel werkte en 's avond op mijn hotelkamer de tv aanzette, ging er geen dag voorbij of er was wel iets over de Tweede Wereldoorlog.'

Het avontuurlijke leven van de jaren dertig in Berlijn, de expressionistische sfeer, de mentaliteit, 'en ook het geluid' – dat is wat haar vooral bevalt en waarom ze graag repertoire uit die tijd zingt. 'Dat hele vrije en bohémienachtige bestaan voordat de nazi's het de kop indrukten, het zit allemaal in de liedjes uit die tijd.' Voorjaar 2016 zingt ze met het Residentie Orkest van Brecht en Weill *Die sieben Todsünden der Kleinbürger*.

20

Techniekers voor de vierde industriële revolutie

Twente wendt de blik naar het oosten...

Voor een nieuwe burgemeester nodigde Enschede nadrukkelijk ook Duitsers uit om te solliciteren. Vooralsnog was het een actie met een hoge symboolwaarde. Wie in Nederland burgemeester wil worden, moet Nederlander zijn, en een buitenlander moet daarvoor minstens vijf jaar in Nederland gewoond hebben. Het was dan ook een Nederlander die begin oktober 2015 de ambtsketting van Enschede kreeg omgehangen, maar deze Onno van Veldhuizen had wel in Duitsland gestudeerd en zijn doctorstitel behaald in Osnabrück.

...en Duitsland kijkt terug.

Met blijdschap gaf de rector-magnificus van de Universiteit Twente bij de opening van het academische jaar in 2015 kennis van de komst van het Fraunhofer Instituut naar Enschede. Wat TNO is voor Nederland, is het Fraunhofer Instituut voor Duitsland (en daarbuiten), maar dan veel groter. Met 66 onderzoeksinstituten in Duitsland en zeven in het buitenland is Fraunhofer Europa's grootste non-profitorganisatie voor het omzetten van wetenschappelijk onderzoek naar technologische toepassing in de industrie. Als zodanig misstaat het niet op de campus langs de Hengelosestraat, die men in Enschede ook wel Laan van Innovatie noemt.

En het is een mooie Duitse erkenning voor de koers en de kwaliteit van de in 1964 door koningin Juliana geopende Rijkstechnische Hogeschool.

Nederlands derde technische hogeschool, na Delft en Eindhoven, kwam in Enschede om de regio een oppepper te geven tegen de misère die gepaard ging met de neergang van de textielindustrie. Een blijvend hoge werkloosheid was het gevolg, soms oplopend tot een kwart van de beroepsbevolking en ook in betere tijden altijd 2 tot 3 procent hoger dan het landelijk gemiddelde. Van de ooit bijna alles bepalende textielindustrie met haar fabrieken voor ongeschoolde arbeid is nagenoeg niets meer over. Op het innoverende Ten Cate na heeft die industrie ook nauwelijks iets van zichzelf nagelaten. De talloze kleinere maakbedrijven die een toeleverende rol hadden gespeeld, bleven verweesd achter. En dat is, zegt Pieter Dillingh van Kennispark Twente, het grote verschil met Eindhoven en omgeving. Daar is ook na de sores met DAF en Philips altijd een structuur gebleven van grote ondernemingen die het systeem domineren en bepalend zijn voor de dynamiek van toelevering en afzet in hun bedrijfsketen. 'Het Twentse profiel is van een heel andere dynamiek. Hier vind je sterk uiteenlopende mkb-ondernemingen, vrij veel kleinere maakbedrijven in een toeleverende rol en actief in heel verschillende ketens.'

De centrale rol in de Twentse economie die vroeger de textielondernemingen speelden op het vlak van onderzoek en ontwikkeling, technische en bedrijfskundige innovatie, internationalisatie, waardevermeerdering en dergelijke, is voor een belangrijk deel overgenomen door Universiteit Twente. Al in 1984 begon die op allerlei manieren het ondernemerschap onder de studenten te stimuleren. In 2012 kreeg de samenwerking van overheden, bedrijfsleven en kennisinstellingen gestalte in de Twentse Triple Helix. Daarin concentreert men zich op versterking van de sector High Tech Systems & Materials, die als kern wordt beschouwd van de Twentse innovatieve maakindustrie. Het streven is Twente te ontwikkelen tot een van de belangrijkste motoren van de Nederlandse kenniseconomie met internationale uitstraling, het Nederlandse Beieren. Het actieplan leidde onder meer tot de oprichting van Kennispark Twente en de intensivering van de betrekkingen met Duitse kennisinstellingen: om samen te werken en te leren en (niet eens stiekem) te profiteren van Duits industriebeleid.

Kennispark Twente is gehuisvest in The Gallery aan de Hengelosestraat, in het oude pand van Chemische Technologie dat nu als broedplaats fungeert voor allerlei innovatieve bedrijfjes. Veel van het industriële karakter is behouden gebleven, zoals het dak dat er los op ligt voor het geval een expansievat uit elkaar zou klappen. Daarom vindt directeur Pieter Dillingh het een passende omgeving voor het Kennispark. 'Hoe breng je kennis naar buiten en help je starters die vanuit de kennisinstelling, in ons geval de universiteit en hogeschool Saxion, willen gaan ondernemen en dat meteen op de internationale markt moeten doen, dat is de ene kant. De andere kant is hoe je de bestaande Twentse industrie daarbij betrekt en samenwerkingsverbanden creeert. Wij zijn het schakelplatform.'

Over de grens, in Gronau en Nordhorn, was ook sprake van textielbedrijvigheid en dus van enige gemeenschappelijkheid. Na de oorlog gingen beide kanten van de grens samenwerken in euregioverband om cultureel en zeker ook economisch de barrière van de nationale grens te slechten. En toch, zegt Pieter Dillingh, 'staat zeker de helft van de bedrijven nog altijd met de rug naar Duitsland. Niet uit antipathie, hoor. Het verschil in bedrijfscultuur vormt een barrière.' Kort samengevat komt dat verschil erop neer dat een Nederlander al met het contract op zak naar het eerste gesprek met zijn Duitse zakenrelatie gaat, die bij wijze van spreken alleen nog even hoeft te tekenen. Terwijl de Duitser tijd wil nemen om een basis van vertrouwen te scheppen en daarop een relatie te bouwen.

Juist nu is het volgens Pieter Dillingh van het grootste belang om als voorbeeld naar het industriebeleid van Duitsland te kijken. 'Anders dan in Nederland durft de politiek daar perspectieven te schetsen en tot thema te maken van en voor maatschappelijke processen.' Onder SPD-bondskanselier Gerhard Schröder is een soort convenant tussen overheid en industrie afgesloten waarin vastgelegd is dat het bedrijfsleven verantwoordelijk is voor de groei van de industrie en daarmee van de economie, en dat de overheid de faciliteiten levert. Het in het leven roepen in 2013 van project Industrie 4.0 is hier een uitvloeisel van.

Industrie 4.0 is de 'proclamatie' van een vierde industriële revolutie. De eerste betrof de mechanisering met water- en stoomkracht, de tweede de massaproductie met behulp van lopende band en elektriciteit, de derde de digitalisering, en de vierde zal de volgende ICT-slag zijn: de computerisering (informatisering) van de fabricagetechniek en logistiek bij de machine-tot-machinecommunicatie. De uitkomst hiervan is de Smart Factory, de intelligente fabriek, waarin machines, productieprocessen en producten gekoppeld zijn aan internet.

Pieter Dillingh: 'Siemens, Miele en dergelijke, die al sinds jaar en dag de wasmachines op dezelfde manier maken, weten dat ze in China een concurrent krijgen die op de traditionele wijze op prijs niet meer te kloppen valt en op termijn waarschijnlijk ook niet op kwaliteit, en dat ze dus nieuwe businessmodellen nodig hebben. Het project Industrie 4.0 moet daarin voorzien. Hoe je productielijnen flexibeler te maken; hoe al in de ontwerpfase het product open te stellen voor de wensen van de consument; hoe de arbeidskosten als factor in de prijs van het product te minimaliseren; hoe te digitaliseren en te globaliseren in de hele keten van offerte tot aflevering. In Duitsland verwacht men dat het in de industrie over vijf jaar al gedaan is met het middenkader, omdat zelfs inkoop en verkoop dan geautomatiseerd zijn. Nu al is de hele orderprocessing te automatiseren, van het uitbrengen van de offerte tot de inname van de opdracht en de doorgeleiding naar de werkvoorbereiding. Denk eens aan de mogelijkheid van een digitaal platform waarop je zoveel van dit en dat kunt bestellen, waarna automatisch gekeken wordt welke fabriek op dat moment de capaciteit heeft om het gewenste aantal en de verlangde kwaliteit en frutsels te leveren. De volgende dag staat dan de vrachtauto met het bestelde voor de deur, en al die tijd heeft er niks tussen gezeten. Het is nog volstrekt onduidelijk wat dat allemaal gaat betekenen voor de industrie, de werkgelegenheid, voor de maatschappij.'

Het Bundesministerium für Bildung und Forschung

heeft de regio Ostwestfalen-Lippe, het noordelijke stuk van Noordrijn-Westfalen, aangewezen om te onderzoeken wat de consequenties zijn van zo'n technologienetwerk van intelligente technische systemen. Daartoe is een *Spitzencluster* van 174 ondernemingen, hogescholen en andere partners gevormd. De universiteiten van Paderborn en Bielefeld vervullen daarin een centrale rol, enigszins te vergelijken met die van de Universiteit Twente aan deze kant van de grens. Inmiddels zijn 49 onderzoeksprojecten in gang gezet.

Dat ook in het Duitsland van Industrie 4.0. een Nederlandse kwaliteit gewaardeerd zal blijven, valt af te leiden uit het verhaal over het Hengelose bedrijf VIRO, een onderneming in toegepaste technologie met een nevenvestiging in München, werkzaam voor onder meer BMW en de Mann-Groep. Hoe het ging, vroeg Pieter Dillingh aan VIRO-directeur Theo Wigger toen ze elkaar bij een gelegenheid troffen.

'Goed,' zei die, 'we hebben er weer een klant bij.'

'Mooi.'

'Ja, en daar doen we voornamelijk procesmanagement.'

'Procesmanagement? Dat hebben Duitse bedrijven toch supergoed voor elkaar?'

'En dat is nou precies waar ze in vast kunnen lopen. Een Duitser plant van A naar B naar C. Maar als er dan wat onverwachts gebeurt in het traject van A naar B naar C, weet hij het even niet meer. En daar zijn wij als Nederlanders dus verdraaid goed in. Pragmatisch, improviserend, van de nood een deugd maken. Wij maken een bochtje en komen dan ook bij B en C uit.'

21

Überhandel over de grens

De grensovergangen tussen Nederland en Duitsland zijn niet alleen de meest erotische in Europa – zie hoofdstuk 23: Was will das Weib? Ze zijn ook de innigste in economische zin. Het Nederlands-Duitse handelsvolume, circa 161 miljard euro in 2014, wordt volgens het Duitse *Auswärtiges Amt* in de wereld alleen overtroffen door het totaal van de handel tussen de Verenigde Staten en Canada. De grens tussen Nederland en Duitsland is een übergrens, in meerdere opzichten.

Dat Duitsland voor Nederland, zowel qua uitvoer als invoer, het eerste handelsland is, spreekt tamelijk vanzelf. Het geldt voor de meeste van de landen die de grote Duitse economie omringen. Verbazingwekkender is, omgekeerd, het belang van Nederland voor Duitsland, ook als je daarbij de Rijn en de positie van de Rotterdamse haven in het oog houdt. Nederland behoort tot de vier belangrijkste export-handelspartners van Duitsland. In 2014 voerde Duitsland voor 101,9 miljard euro uit naar Frankrijk, voor 96,1 miljard naar de Verenigde Staten, voor 74,5 miljard naar China en naar Nederland voor 73,1 miljard euro.

De economische verwevenheid van Duitsland en Nederland bestond al zolang de Rijn, IJssel en Merwede goederen vervoerden van en naar Keulen en was verder altijd een vast gegeven. Maar hoe bijzonder die relatie is, wereldwijd, werd voor het eerst onderzocht door Kees van Paridon, hoogleraar economie aan de Erasmus Universiteit Rotterdam, en uiteengezet in zijn oratie in 1992 over de betekenis van de economische relatie Duitsland-Rotterdam. Uitgangspunt was de berekening van een normaalwaarde, op basis van een soort zwaartekrachtmodel. Wat zijn in het algemeen de factoren die handelsstromen (en hun waarde) tussen landen bepalen? Afstand natuurlijk: hoe verder verwijderd van elkaar, hoe geringer de handel; omvang: hoe groter de economieën des te meer wederzijdse handel; bevolkingsgrootte, welvaart en meer van dergelijke gegevens. Als je vervolgens de feitelijke handel vergelijkt met de normaalwaarde, zie je hoezeer de Nederlandse relatie met Duitsland en die tussen de Verenigde Staten en Canada eruit springen.

Naast de centrale rol die de Rotterdamse haven speelt bij de doorvoer naar Duitsland en het belang van de landbouw, ons aardgas en de chemie, valt daarbij ook de Nederlandse toeleveringsindustrie niet te onderschatten, zegt professor Van Paridon. 'We zijn in slechts een paar dingen goed, maar daar zijn we dan ook heel goed in – en aantrekkelijk voor Duitse afnemers. Veel gespecialiseerde onderdelen voor bijvoorbeeld Duitse auto's komen uit Nederland. Duitse eisen zijn hoog en we leveren blijkbaar goede waar. Dat BMW zijn Mini in Born laat maken is een indicatie voor het Duitse vertrouwen.'

Na de val van de Muur, de ineenstorting van de DDR en de teloorgang van de industrie daar, resulterend in drie miljoen Oost-Duitse werklozen, onderging ook de

West-Duitse industrie eind jaren negentig een *Wende*. Je zou kunnen zeggen dat, behalve mentaal en politiek, Duitsland zich toen ook economisch meer openstelde voor de wereld. Een enigszins onopgemerkt gebleven verandering, die bijna net zo drastisch was als de Wende in het oosten. En de Nederlandse toeleveringsindustrie had er baat bij. Van Paridon: 'Tot dan hield Made in Germany samengevat in: alles in eigen hand, van halffabricaat tot marketing, het liefst geheel en al in en door het eigen bedrijf, kortom alles in Duitsland. Zo behield je, was de overtuiging in Duitsland, het beste grip op het hele proces. Het einde van de Koude Oorlog, de opheffing van het IJzeren Gordijn, maakte de wereld groter en concurrerender en deed in Duitsland het besef groeien dat, wilde men die toenemende concurrentie het hoofd bieden, ze het voordeel van lagere loonkosten elders niet konden laten lopen. In eerste instantie lag dat "elders" om de hoek, in Oost-Europa, dat ze goed kenden en waar men Duits spreekt. Tegelijk met de verhuizing van delen van de productie daarheen vond in Duitsland een proces van *outsourcing* plaats. Vanuit de idee: je concentreert je op de dingen waar je goed in bent, en alle andere zaken kun je beter door anderen laten doen. In West-Duitsland zijn toen – we spreken over de jaren negentig – twee miljoen mensen in de industrie hun baan kwijtgeraakt. Was eerder 42 tot 44 procent van de beroepsbevolking werkzaam in de industrie, nu is het nog zo'n 24 procent. De Duitse industrie kromp, maar het resterende bedrijfsleven werd er sterker van. Daar profiteren Nederlandse bedrijven in de toeleveringssfeer van, zolang ze tenminste aan de hoge eisen voldoen.'

De innige handelsrelatie met Duitsland en delen van Duitsland die er vanaf de vroege middeleeuwen was, ten tijde van de Hanzevaart tussen Keulen en Oostzee via de IJssel, lijkt in de eeuwen erna alleen maar in intensiteit te zijn toegenomen. Nadat de handelsstromen naar en van Duitsland meer westwaarts gingen lopen, omdat de vaartuigen groter en zeewaardig werden, kregen eerst Amsterdam en omgeving en daarna Dordrecht een rol van betekenis in de Keulse Vaart en de doorvoer van goederen van en naar Noord- en Zuid-Europa. In de negentiende eeuw, met de opkomst van het Ruhrgebied, verplaatste het economische zwaartepunt in Noordwest-Europa zich naar het Duitse achterland en verschoof de handelsstroom van noord-zuid naar west-oost, waardoor Rotterdam veel gunstiger kwam te liggen dan Amsterdam en die laatste het loodje legde als wereldhaven. Het achterland is bepalend voor wat er wordt verdiend en de zeehaven van Amsterdam heeft geen achterland (meer). De helft van alle binnenschepen op de Europese wateren voert de Nederlandse vlag en heeft een connectie met Rotterdam en vaart op Duitsland en verder. Vrachtvaarders niet alleen, ook de vrachtrijders. In Zuid-Duitsland hebben Hollanders de bijnaam 'die Kutscher Europas'. Tot Holland rekent men daar ook bijvoorbeeld Venlo, waarvan gezegd wordt dat 'iedereen er een vrachtwagen voor de deur heeft staan'.Omgekeerd was er al vanaf de vroegmoderne tijd een bijna onafgebroken stroom Duitsers die in het welvarende Holland werk, bestaan, geluk en voorspoed zochten. Van huursoldaten, schepelingen voor de VOC-vaart op Indië, hoeren en hoerenmadams op de Amsterdamse Wallen, turfgravers, dienstmeisjes, hannekemaaiers en kiepkerels, de Vroom en Dreesmannen, de Brenninkmeijers en andere Winkels van Sinkel tot en met de Duitse investeerders in het zakencentrum van Nederland. Het vastgoed aan de Amsterdamse Zuidas is voor bijna 40 procent in Duitse handen.

Nederland is na Duitsland het best functionerende handelsland ter wereld, concludeerde de Wereldbank in 2014 in de zogeheten *Logistics Performance Index*, die meet hoe efficiënt handelsstromen verlopen. Van en naar Duitsland zijn die kennelijk zo op orde, vindt Nederland, dat er eigenlijk geen omkijken naar nodig is. Van Paridons eigen carrière in de Duitslandkunde illustreert die wat laconieke Nederlandse houding. Na zijn promotie in 1987 en kort daarna zijn ontslag bij de faculteit sociale wetenschappen in Rotterdam, die de vakgroep economie ophief, kon hij op een tijdelijk contract werken voor het Centraal Planbureau, waar hij opnieuw over Duitsland begon te schrijven. Ook als stafmedewerker bij de Wetenschappelijke Raad voor het Regeringsbeleid hoorde Duitsland bij hem.

Toen viel de Muur en werd professor Kees van Paridon naar eigen zeggen 'eenoog in het land der blinden'. De Stichting Bevordering Duitsland Studiën (voorzitter Jerôme Heldring) besloot vier bijzondere leerstoelen te creëren omtrent de Duits-Nederlandse betrekkingen. Geschiedenis in Groningen, cultuur in Maastricht, Europese verhoudingen in Nijmegen en voor economie werd Kees van Paridon gevraagd. Maar waar? Rotterdam wilde de bijzondere leerstoel niet, zag er de urgentie (nog) niet van in. En zo belandde hij op de Vrije Universiteit Amsterdam (1992 tot 2002). In 1999 benoemde de Erasmus Universiteit hem tot hoogleraar economie.

Historici hebben altijd belangstelling voor Duitsland gehad. Bij politicologie en internationale betrekkingen is die er ook, bij economen veel minder. Economen hebben de neiging tot abstraheren, volgens Van Paridon: cijfers en modellen over in- en uitvoer, productie en consumptie. 'Maar voor de institutionele eigenaardigheden van een land, softe aspecten als beheersing van de taal, het begrijpen van de cultuur, weten hoe de samenleving in elkaar steekt, de positie van de vakbonden, de financiële machten, toch niet onbelangrijk als je er handel mee drijft – daar is weinig aandacht voor. Er zijn niet zo heel veel mensen die goed volgen wat er in Duitsland gebeurt en wat dat economisch voor ons zou kunnen betekenen.'

Een jaar of acht geleden verscheen van de hand van Van Paridon een rapport over de betekenis van Duitsland voor Rotterdam, de haven en het Havenbedrijf: 'De indruk bestond dat men veel in het vliegtuig naar Singapore, China, Baltimore en Brazilië zat, en te weinig in Duitsland kwam. Daarnaast waren de activiteiten van stad en Havenbedrijf niet altijd goed op elkaar afgestemd. Het gebeurde wel dat het ene weekend het Havenbedrijf een presentatie gaf in een Duitse stad en een paar weken later de gemeente, en dat men dat niet wist van elkaar.'

Ook in Rotterdam, zelfs in Rotterdam met zijn haven als begin- en eindpunt van de Rijn, was de blik meer westwaarts dan naar het achterland in het oosten gericht. Net als de rest van Holland keek men 'van nature' over zee. Niet alleen het Atlantische overzee. Overzee was ook de magie van China, Singapore, het Verre Oosten. Van Paridon: 'De Rijn, de verbinding met Duitsland, ligt er toch wel, was de gedachte, en die komt altijd uit bij Rotterdam. Zoals een geïnterviewde ondernemer zei: "Voor het Havenbedrijf hield de oostelijke wereld op bij Capelle." Dat is nu wel anders.'

22

Vivat! voor de gezel die meester wordt

Het gasfornuis haperde, de Gaskoning kwam voor reparatie. De Gaskoning was een Turk, die enkele jaren geleden de zaak met die naam aan de Admiraal de Ruijterweg had overgenomen van een Amsterdamse gasfitter. De Turkse Gaskoning verscheen op het afgesproken tijdstip met aan zijn zijde een jonge knaap, die goed oplette bij de werkzaamheden en tussendoor kleine klusjes uitvoerde op aanwijzing van zijn meester. Nee, het was niet zijn zoon, zei de Gaskoning. Een neef die een paar dagen meeliep om zich te oriënteren op het vak, misschien om het te leren naderhand. Het waren ook wel eens zoons van kennissen, of iemand die geen zin in school meer had. 'Beter dat ze van mij iets leren dan dat ze alleen maar achter de computer zitten te gamen,' vond hij. En het was een goed vak, het vak van gasfitter. 'Je moet er iets voor kunnen.' En een nuttig vak ook. 'Je kunt niet zomaar alles weggooien als het kapot is. Niet goed.'

Hier en daar bestaat het nog in Nederland: een jonge gezel die het vak leert van een ervaren iemand en die na het afleggen van een proeve van bekwaamheid zich meester mag noemen. Marloes van Hartskamp uit Twello slaagde als eerste vrouw in Nederland in 2007 voor de ambachtelijke meesterproef en mag zich sindsdien

Meester Worstmaker noemen. Als vakantiehulp, schoonmaker, was ze begonnen bij de slagerij in haar geboorteplaats en daar had ze vervolgens het vak geleerd. De 'felbegeerde' Gildespeld werd haar tijdens de jaarvergadering van het Worstmakersgilde uitgereikt door exwielrenner (kennelijk tevens worstkenner) Michael Boogerd.

Zo gaat het ook, zij het zonder Michael Boogerd, bij de patissiers, de goud- en zilversmeden, de schoorsteenvegers, de ijsbereiders en in de hogere segmenten van de horecabranche.

Maar er moet meer gebeuren, adviseerde de Sociaal-Economische Raad (SER) in 2014. De Nederlandse ambachtseconomie dreigt te verpieteren door 'een oplopend tekort aan vakmensen'. De SER bepleitte daarom een bredere invoering van de meestertitel en dus van het meester-gezelsysteem. Voorzitter Michaël van Straalen van MKB-Nederland (de organisatie van het midden- en kleinbedrijf) was het er van harte mee eens en liet weten: 'Met een jaaromzet van 110 miljard euro is de ambachtssector de smeerolie van de Nederlandse economie en de samenleving. De meestertitel laat zien dat vakwerk, ambachten, serieus worden genomen en worden erkend als ruggengraat van onze economie.'

Minister Jet Bussemaker van Onderwijs stelde 25 miljoen euro beschikbaar voor uitbreiding van de meester-gezelmethode naar nieuwe mbo-opleidingen als media- en game-ontwikkelaars. Doel is 'meer aandacht voor talentontwikkeling in het beroepsonderwijs en meer waardering voor ambachtelijke vaardigheden.'

Kort daarvoor had een groep onderzoekers onder leiding van prof.dr. Arjo Klamer, hoogleraar in de economie van de kunst en cultuur aan de Erasmus Universiteit in Rotterdam, een rapport gepubliceerd getiteld 'Herwaardering ambachtscultuur hoofdzaak'. Ze onderzochten vijf op ambacht gegrondveste culturen – Italië, China, India, Japan, Engeland en Duitsland – en vergeleken die met Nederland. Ze concludeerden dat Nederland een voorbeeld aan Duitsland moet nemen. Maar dan ook geheel en al, wat neerkomt op invoering van een soort gildesysteem, zoals dat in de middeleeuwen in heel West-Europa functioneerde en nu nog in de Duitse ambachtscultuur. Het 'cruciale bestanddeel' daarin is het duale leerstelsel. Na de middelbare school kunnen jongeren die geïnteresseerd zijn in een ambacht, een basisopleiding van twee tot drieënhalf jaar volgen. Die bestaat uit een praktijkdeel in een erkend leerbedrijf (drie à vier dagen per week) onder leiding van een meester, en een vaktheoretisch en algemeen vormend deel aan een *Berufsschule* (één à twee dagen per week). Een belangrijke prikkel is de meestertitel. Die is te verdienen door het doorlopen van een meesterprogramma en het voltooien van een meesterwerk. Zoals in de middeleeuwse gilde. Een eigentijdse uitkomst van deze vorm van beroepsbegeleidend leren is dat laagopgeleide kinderen van migranten in Duitsland veel beter dan in Nederland een weg vinden in het bedrijfsleven. Hun minder goede beheersing van de vreemde taal is in de op praktische en technische vaardigheden toegespitste scholing voor de Duitse maakindustrie veel minder een obstakel dan die is in de beroepsopleidingen voor de kennis- en dienstverleningseconomie van Nederland, die hoge eisen stelt aan sociale en taalvaardigheden.

Voor 41 ambachten in Duitsland is een meestertitel

een absolute vereiste om een eigen bedrijf te beginnen en zelf gezellen op te leiden. Voor nog eens 53 ambachten is de titel vooral een eer en een zeer effectieve kwaliteitsaanbeveling.

Het Duitse producttechnisch denken werd volmaakt getypeerd door de slogan waarmee Opel een tijd lang adverteerde: *'Wir leben Autos'* en even schrijnend als komisch verwoord door Max Frisch in zijn drama *Andorra* (uit 1961). Daarin wil de vermeend Joodse jongen Andri ontzettend graag in de leer bij meester Prader om meubelmaker te worden. Hij zet een stoel in elkaar zoals een stoel van Prader behoort te zijn, *verzapft*, met gat en pen in elkaar gezet, niet gelijmd. De meester wil niet geloven dat Andri de maker van de stoel is. 'Meubelmaker worden,' beleert hij Andri, 'is niet eenvoudig wanneer je het niet in je bloed hebt, niet eenvoudig. En hoe zou jij het in je bloed kunnen hebben als je niet opgegroeid bent met hout, met ons hout?' Hij weigert de jongen daarom als gezel, maar Andri mag wel voor hem gaan werken in de verkoop. 'Dat is wat mensen zoals jij in hun bloed hebben, geloof me, en een ieder hoort te doen wat hij in zijn bloed heeft. Je kunt geld verdienen, Andri, veel geld...' De meester staat op en klopt de roerloos luisterende Andri op de schouder: 'Afgesproken? Ik heb het goed met je voor.' De meester verlaat de werkplaats en hoort Andri niet meer zeggen: 'Maar ik wou meubelmaker worden.'

Duitse ambachtelijkheid, Made in Germany, de maakindustrie van Duitsland heeft zich wereldwijd bewezen als solide en succesvol. Moeten we het eraan ten grondslag liggende meester-gezelsysteem dan ook maar onverwijld invoeren in Nederland, nu hier het belang van maakindustrie en ambachtelijkheid ook meer en meer onderkend wordt, inclusief een gildeachtige organisatie?

Anke Brockmöller is aan de Rijksuniversiteit Groningen gepromoveerd op het thema en zij plaatst kanttekeningen. Ze werkte aan het Talentproject, waarbij studenten gekoppeld werden aan experts uit het bedrijfsleven om daarmee de innovatieve kracht van de regio te vergroten. Ze begeleidde plusminus zestig van zulke relaties, en dat werd de basis voor haar promotieonderzoek. 'Het leren is bij ons overwegend horizontaal georganiseerd, met z'n allen in een klas. Maar het meest klassiek is natuurlijk het verticale leren, de meester-gezelrelatie.' Het kind leert van de ouder. De leerling-schilder leert in het atelier van meester Rembrandt, de coassistent leert bij de ervaren chirurg in de operatiekamer, in mijn keuken leerde de Turkse neef bij de Gaskoning. Letterlijk kijken ze op de handen van de meester de kunst van het vak af.

Maar ook op werkgebieden met voornamelijk hoofdarbeid, management bijvoorbeeld, is de meester-gezelmethodiek van leren toepasbaar, meent Anke Brockmöller. 'Het principe is dat je iemand niet vertélt wat en hoe hij iets moet doen, maar dat hij het kan zíen. Leren door te observeren: hoe je een gesprek voert, problemen oplost door tactisch te handelen, hoe je door je houding anderen motiveert. Impliciete kennisoverdracht spreekt andere hersengebieden aan, wat een oplossing kan zijn voor leerlingen met weinig cognitieve aanleg.'

De methode lijkt alleen maar voordelen te kennen en tegemoet te komen aan de veelvuldig geuite klachten van werkgevers in het bedrijfsleven dat ze alles wat van school komt, bij indienstneming nog helemaal zelf moeten opleiden. Denk ook aan de problematiek van de vergrijzing, die werkgevers en beleidsmakers dwingt zich af te vragen hoe te voorkomen dat niet allerlei specifieke kennis en ervaring met de pensionerende persoon de organisatie uitstroomt. 'Geen wonder,' zegt Anke Brockmöller, 'dat er met jaloezie gekeken wordt naar de Duitse situatie. Moeten we ook doen, is in eerste instantie de opwelling. Maar het blijkt in de praktijk lang niet altijd eenvoudig in te voeren, zo'n gildeachtige opzet al helemaal niet.'

Hoe regel je dat de gezel in de gelegenheid is om gedurende een langere periode in de buurt van de meester te verkeren? Hoe dat ze allebei, de gezel en de meester, productief zijn voor de werkgever die hun salaris betaalt? Hoe zorg je ervoor dat de gezel, nadat hij het geheim van zijn meester geleerd heeft, zich niet met die ook voor het bedrijf belangrijke kennis naar de beter betalende concurrent rept?

Nog een kanttekening. De meester traint de gezel, zodat die past in de mal van de traditie van de betreffende organisatie. Het systeem functioneert dus goed, zegt Anke Brockmöller, 'bij ambachten waar het niet direct noodzakelijk is voortdurend te innoveren. En in het zogeheten Rijnlandse model.' Anders dan in de Angelsaksisch georiënteerde economie, waarin de geldstromen centraal staan en winstcijfers op de korte termijn, gaat het in het Duitse bedrijfsleven, met een relatief groot bestanddeel familiebedrijven, meer om de lange termijn en om de bijdrage die het bedrijf levert aan de samenleving. Er is meer ruimte om tijd, geld en moeite te investeren in meester-gezelrelaties.

23

Was will das Weib?

Iedereen denkt te weten dat in het criminele milieu men elkaar altijd al vermoord heeft onder het motto: '*Not personal, it's strictly business.*' En wat in die kringen '*an offer you can't refuse*' inhoudt. En dat de familie het allerheiligste is: '*Don't ever take sides with anyone against the Family again, ever,*' waarschuwt Mike zijn broer Fredo in Las Vegas. Maar ook dat de dame zich erbuiten moet houden. Mike tegen echtgenote Kay: '*Don't ask me about my business.*' Iedereen heeft namelijk *The Godfather* (1972) gezien, en zo werd fictie een feit en werden misdaadorganisaties waar ook ter wereld in de media voorgesteld als zijnde gestructureerd naar het model en de bijbehorende codes van de Zuid-Italiaanse maffiafamilies. Ook criminelen zagen die films en gingen zich uiten zoals schrijver Mario Puzo en regisseur Francis Ford Coppola verzonnen hadden.

Idem de sporters. In de media hoorden ze verslaggevers als Mart Smeets, en vóór hem Theo Koomen, praten over: 'een snok geven, met de neus aan het venster, totaal uitgewoond, de dood of de gladiolen, linkeballen, met het snot voor de ogen' enzovoort. De meest bloemrijke uitdrukkingen dankten ze aan de Amsterdamse wielrenner voorheen Jordanese stratenmaker Gerrie Knetemann, die gedurende enkele Tours de France een eigen nabeschouwing op de radio had en zijn praatjes verlevendigde met zelfverzonnen zogenaamd wielerjargon. Sporters gingen de uitdrukkingen overnemen wanneer ze voor de microfoon en camera mochten vertellen over hun prestaties. Niet lang daarna werden ex-sporters de nieuwe sportverslaggevers of studio-sidekicks die, zich richtend naar de mediamores, de pseudo-authenticiteit van dit soort sporttaal nog eens versterkten. Daarmee was de cirkel rond; de slang beet zich in zijn eigen staart. En zo leren we de echte realiteit, in dit geval de realiteit van het wielrennen, nooit kennen natuurlijk.

Dat kan ook helemaal niet, stelde Immanuel Kant, de grootste der Duitse filosofen. De mens, het kennende subject, is per definitie niet in staat de verschijnselen van de wereld te doorgronden zoals ze echt zijn, zoals ze *'Ding an sich'* zijn. We kunnen de dingen enkel kennen zoals ze zich aan ons voordoen – zie de criminelen in *The Godfather*, hoor de topsporters op radio en tv. We kunnen de dingen enkel kennen zoals ze verschijnen in de geordende voorstellingen, in de context die wij er, op grond van rede en ervaring, zelf van maken. Alles wat een mens over de wereld denkt te weten, is een constructie, zouden filosofen eind twintigste eeuw variëren.

Intussen was op Kants fundament de 'school' van het speculatieve Duitse idealisme ontstaan, met grote namen als Fichte, Schelling, Hegel en zijdelings Karl Marx. Dat was ook de periode van de Romantiek, die nergens ter wereld zo'n hoge vlucht nam als in de Duitse landen. Verbeelding, *Geist*, ideeën van de geest, *'geistige Ideale'* werden het leidende beginsel voor het denken óver en het handelen ín de wereld van de concrete dingen. En als de theorie niet klopte met de werkelijkheid, zoals naderhand vaak het geval bleek in communistisch geregeerde landen, werd niet de theorie aangepast maar de alledaagse realiteit, als het moest met harde hand.

Het omgekeerde kon ook: als het geïdealiseerde beeld in het geheel niet te verenigen was met de werkelijkheid van bijvoorbeeld de moderne industriële samenleving (de realiteit van massabeweging, rationalisering, bureaucratisering, concrete politiek en machtsvorming), en als reactie daarop men zich terugtrok en verschanste in het heilige, hoogverheven bolwerk van de *Kultur*. Dat was het andere Duitsland, het Duitsland van de *Geist*.

Die 'men' waren intellectuelen, academici, schrijvers, dichters, denkers, journalisten, kunstenaars, *Gebildeten* kortom. Over hen, over cultuurland Duitsland van 1800 tot heden, schreef Frits Boterman, emeritushoogleraar moderne geschiedenis van Duitsland na 1750, het boek *Cultuur als macht*. De titel is veelbetekenend, en ook de gekozen tijdspanne. Boterman: 'Men heeft nog steeds de neiging, gezien de lange traditie van de antithese *Geist* en *Macht*, om de mythe van de scheiding tussen cultuur en politiek te handhaven. Er was altijd een ander en beter deel van Duitsland, gerepresenteerd door de reusachtige culturele en ook geesteswetenschappelijke prestaties. Er was ook steeds een ander en slechter Duitsland dat bestreden moest worden. Maar nergens is met cultuur zoveel politiek bedreven als in het land van dichters en denkers. Nergens zijn nationale identiteit en cultuur zo nauw met elkaar verbonden.'

En: 'Uit naam van de vermeende superioriteit van de Duitse cultuur werden bepaalde groepen uitgesloten en oorlogen gevoerd, namelijk ter verdediging van de Duitse *Kultur* tegenover de als oppervlakkig en materialistisch ervaren westerse *Zivilisation*.' Wat ze zich aan ideeën ook in hun hoofd haalden, volgens Boterman waren de *Gebildeten* wel degelijk medeverantwoordelijk voor de opkomst van Hitler en de mis- en wandaden van het nazisme.

Is de vrouw ook zo'n Duits *Idee im Kopf*, een constructie van de heteroseksuele man die zich afvraagt: *Was will das Weib?* Het kan geen toeval zijn dat de vraag op zijn Duits gesteld is. Freud was weliswaar een Wener en Jood maar geworteld in de Duitse cultuur van eind negentiende/begin twintigste eeuw.

Geen mens kan echt weten was das Weib will, zie Kant. Als we al helemaal niks over God kunnen weten, laat staan beweren, zie Kant, hoe dan wel over das Weib, het nog grotere mysterie volgens de Duits-romantische man. Misschien is de hele kwestie wel pure fictie en bazelen we gewoon de Duitse geest na over de vrouw als Ding an sich, wat heel iets anders is dan de vrouw van vlees en bloed.

Maar was will dás Weib dan?

Eine Riesenbockwurst volgens mijn hardcore lesbische buurvrouw in Amsterdam. Althans dat is wat in Oostenrijk het antwoord is op de vraag, voegt ze eraan toe. Duitsland en Oostenrijk: zelfde taal, *im Grossen und Ganzen* dezelfde cultuur. Ook dezelfde vrouwenverlangens? Volgens de cultuursocioloog Geert Hofstede zijn de Duitsers in dezen toch heel anders. Das deutsche Weib will een man uit Nederland, want zij vindt de

Nederlandse man feminien. Het tegendeel dus van het idee van de Riesenbockwurst.

Bijna net zo groot als het aantal allochtone Turken, Marokkanen of Indonesiërs in ons land is het bestanddeel Duitse allochtonen: 368.000 in 2014 (en 426.000 als je degenen met een dubbel paspoort meetelt). In de Nederlandse statistiek heet iemand allochtoon als hij/zij minstens één ouder heeft die in een ander land geboren is, de zogeheten eerste-generatieallochtonen. In het geval van Duitse Nederlanders zijn dat er ruim 110.000, van wie 44.000 man en 66.000 vrouw. Een statistisch opmerkelijk verschil. Bijna altijd zijn het veel vaker mannen die voor hun werk en carrière de grens overgaan dan vrouwen.

Hier moet liefde in het geding zijn, concludeert Dik Linthout in zijn boek *Onbekende buren* en hij bestempelt de Nederlands-Duitse grens als een van de meest erotische in Europa. 'Nergens wordt tussen de bewoners van twee buurlanden zo veel geflirt, gevreeën en over de grens samengewoond en getrouwd.' En het zijn dus de Duitse vrouwen die op Nederlandse mannen vallen. Dik Linthout, vertaler en docent Nederlands bij het Goethe Institut, spreekt hier uit eigen ervaring. Tot zijn dood in 2009 was hij getrouwd met de Duitse Gisela.

Die aantrekkingskracht van de Nederlandse man op de Duitse vrouw valt misschien deels te verklaren met behulp van het zogeheten cultuurmodel van Geert Hofstede. Daarin probeert de organisatiepsycholoog de bepalende kenmerken van een cultuur te vatten in 'dimensies' als individualiteit versus collectiviteit, masculiniteit versus feminien, lange- of kortetermijndenken, toegeeflijkheid versus terughoudendheid, wel of niet hiërarchisch angehaucht. Uit dat model komen Nederland en de Nederlandse man naar voren als feminien en vervuld van waarden als samenwerking, bescheidenheid, delen van zorg en verantwoordelijkheid, als minder gedreven door zucht naar status en carrière. De Duitse man zou er, gezien de vrouwenvlucht naar Nederland, een voorbeeld aan kunnen nemen.

Maar kénnen we nu ook das Weib, das deutsche Weib?

Ja, maar alleen zoals zij zich voordoet in het model van de organisatiepsycholoog (organisatie! en psycholoog!) Hofstede. En – zie Kant – niet als Ding an sich.

24

Xenofoob is geen Duits leenwoord

'Paul de Leeuw is een überploert,' poneerde een columniste in *De Telegraaf*. De muziekrecensent van *Trouw* noemde Bizets operadame *Carmen* 'de überzigeunerin'. 'Die chick is zeg maar übergeil,' hoorde ik in lijn 12 een jongen tegen zijn vriendje zeggen. En in NRC *Handelsblad* onthulde minister Edith Schippers: 'Men vindt mij soms een überbitch.' 'Ach, zou het niet "ieders überindividuele unieke verhaal" kunnen zijn?' vroeg een ander zich af. Hoe dat zo? Nou, dat we allemaal überhaantjes en überhennetjes zijn.

Tot niet lang geleden kenden we in het Nederlands 'über' enkel in combinatie met 'mens' in de *Übermensch* van Nietzsche, met 'ik' in het *Über-Ich* van Freud – altijd met een hoofdletter – en met -haupt in *überhaupt*. Het overtreffende voorvoegsel is in korte tijd even gemeenzaam geworden als 'super', zo niet populairder. Het wordt kennelijk als krachtiger ervaren – zolang het nog betrekkelijk nieuw is tenminste. De stapeling van de twee kwam ik ook al tegen, in: 'Winy Maas, de übersupermodernist onder de architecten'.

Nog een citaat. Uit een column van Rob Schouten in *Trouw* over de verschillen in de Europese benadering van het vluchtelingenvraagstuk. Hij heeft een huisje in Frankrijk en typeert de Franse slag die ze daar ook in deze kwestie praktiseren als 'een onderlaag van desinteresse bij een imago van artisticiteit en cultuur'. Een houding die hij confronteert met hoe het ook kan, bijvoorbeeld zoals Angela Merkel laat zien in Duitsland, het land waar Rob Schouten enkele jaren met groot genoegen gewoond heeft. En dan schrijft hij: 'Maar ook ik leerde de achterkant van het tapijt kennen, de verbeterdrift van de Duitsers, hun *Prinzipienreiterei* (niet voor niets een Duits woord), hun ontzag voor status. Het beste jongetje van de klas. Geen wonder natuurlijk. Na de Tweede Wereldoorlog en de verplichte *Trauerarbeit* moesten ze hun beste beentje voorzetten om weer in de gemeenschap der volkeren te worden opgenomen. Lukte. Maar zorgde er ook voor dat ze koste wat kost nummer één wilden blijven. Zo'n streberig land...'

Vier kanttekeningen bij dit fragment. Teneur en toon ervan zullen iemand vreemd zijn die niet zoals Rob Schouten behoort tot de generatie van kort na de Tweede Wereldoorlog. Ten tweede: hij gebruikt de Duitse leenwoorden in exact dezelfde culturele context als waarin ze ook in het Duits voorkomen. Drie: *'Trauerarbeit'* wordt door de spellingscontrole op mijn tekstverwerker wel aangeduid als een vreemd woord, *'Prinzipienreiterei'* niet (meer). Ten vierde: 'streberig' is afgeleid van *Streber*, een leenwoord uit het Duits volgens mijn Van Dale. Het woordenboek vermeldt vervolgens wel de Duitse afleiding 'streberisch', niet het vernederlandste 'streberig'. Iets vergelijkbaars is er trouwens aan de hand met 'unheimisch', de pseudo-Nederlandse versie van het Duitse *'unheimlich'*. Een neologisme eigenlijk, resultaat van een *Verschlimmbesserung*.

Specifieke begrippen uit de domeinen kunst, wetenschap, politiek en sport blijven bijna geheel zichzelf wanneer ze in Nederlandse teksten opduiken, inclusief de hoofdletter die ze als Duits zelfstandig naamwoord hebben. Zoals *Gesamtkunstwerk*, *Aufklärung* en de geest van *Sturm und Drang* in de vroeg-Romantiek toen *Weltschmerz* doorbrak. Een Nederlands literair tijdschrift heet *Das Magazin*. Op het hoogtepunt van de vluchtelingencrisis gispte René Cuperus in *de Volkskrant* 'de orgie van *Gesinnungsethik*' die voortkwam uit de *Willkommenskultur* van Angela Merkel, die asiel tot *Chefsache* gemaakt had. Maar er was volgens de Nederlandse politiek ideoloog vooral *Verantwortungsethik* geboden. In dezelfde vluchtelingencontext drukte het woord *Überfremdung* adequaat de vrees van sommigen uit en *Gutmensch* de andere houding. Xenofoob bestaat als woord niet in het Duits, *Fremdenfeindlichkeit* wel. *Fremdenhass* ook.

NRC *Handelsblad* schreef op 31 augustus 2015 in het commentaar: 'Een Duits woord raast door de universiteiten en dat is *Bildung*. Genoemd in zeker vijf toespraken vandaag bij de opening van het academisch jaar.' *Stunde Null* (een door bevrijdingselan gedreven nieuw begin) is te zeer verbonden met een bepaalde zaak of gebeurtenis om het zonder hoofdletter te kunnen stellen. Wat ook geldt voor *Blitzkrieg*, *Endlösung*, *Führer*, *Heimatvertriebene*, *gesundes Volksempfinden*. De afdeling sport biedt een gemengd beeld. Wel *Angstgegner* en *Torinstinkt*, en nog altijd *Ausputzer* – ook al is in het voetbal het systeem met zo'n figuur hopeloos achterhaald. Een *schwalbe* daarentegen krijgt meestal geen hoofdletter meer en komt zelfs op zijn Nederlands gespeld voor: zwalbe. Wat erop zou kunnen duiden dat behalve het woord ook de daad salonfähig is geworden onder Nederlandse voetballiefhebbers. Die trouwens vinden dat we überhaupt meer op z'n Duits moeten gaan spelen, wil het Nederlandse voetbal internationaal weer potten kunnen breken. Bondscoach Danny Blind kreeg na de desastreuze nederlaag tegen IJsland in 2015 het verwijt altijd volgzaam te zijn, 'doodsbang voor een *Alleingang*'.

Een zekere verduitsing laat zich sowieso (ook gespeld als zowiezo) vaststellen op vele terreinen. Ieder jaar zijn er meer organisatoren van *Oktoberfeste* in Nederland die de liefhebbers, in onderkast, oproepen te verschijnen in dirndl en lederhosen, maakt niet uit of die gekocht, gehuurd of huisgemaakt zijn. 'Dweperige schöngeisterei' noemde literatuurrecensent Arnold Heumakers het werk van een debutant die zinnen schreef als: 'En zacht in de avond sterft een gesprek uit' – allesbehalve een geheimtip dus dit boek. Een bezoeker van de Amsterdamse Noord-Zuidlijn in aanbouw had het in *Het Parool* over een aha-erlebnis ondergronds. Inzake water en watermanagement moesten we omdenken volgens onze koning; kortgeleden heette het nog outofthe box-denken. Omdenken deed ook de Roermondse wethouder Jos van Rey. Maar dat werd ook 'de werdegang van onze Jos', wat voor betrokkene nog steeds geen klein bier is. 'Voor de doorgedraaide einzelgänger die meisjes van hun fiets rukt, was ik gewaarschuwd,' schreef een vrouw in een discussie over seksueel geweld. *Altmodisch* oogt inderdaad oudmodisch, *Zivilcourage* is civiele courage, maar goedburgerlijk is niet hetzelfde als grootburgerlijk.

In mijn middelbare schooltijd leerden we bij Nederlands dat germanismen de verraderlijkste van alle barbarismen waren, omdat je ze veel minder dan woorden uit het Engels of Frans herkende als vreemd en strijdig met het Nederlandse taaleigen. Woorden als hoogbouw, nieuwbouw, grootmacht, bemerking, begeestering, bruinbrood, witbrood, erewoord, houdbaar, komisch, omgaand, prachtboek, uwerzijds, voorradig en duurloop, samenstellingen als slagroom en Oorlogszeeongevallenwet, zinsconstructies als: de te volgen route. En nog veel meer voorbeelden van taal 'naar Duitschen trant' stonden in de 'Lijst van enkele Germanismen' die Onze Taal publiceerde onder het motto 'O, Nederland, let op Uw Zaak, let op Uw taal'. Het genootschap van taalpuristen was in 1931 opgericht met het uitdrukkelijke doel zich teweer te stellen tegen de 'gelijkschakeling' van het germanisme in het Nederlands.

Iets van een verre echo van die weerstand klinkt door in het hoofdstuk dat Jan Kuitenbrouwer, onder de omineuze titel 'Wichtigmacherei', aan het Duitse leenwoord wijdde in zijn bestseller *Turbotaal* uit 1987. Hij bespreekt daarin enkele Duitse termen die volgens hem ganz fähig zijn op dat moment. Zoals: *Anklang*. *Augenweide* ('Een lust voor het oog: "Een Augenweide gewoon!", bij het zien van de nieuwe vloerbedekking.') *Im Frage* ('Iets is of komt wel of niet – veel mensen zeggen in één moeite door "nicht" – im Frage, oftewel: aan de orde, ter discussie. "Rustig nou maar Henk, jouw salaris komt helemaal niet im Frage." Een typisch geval van hypercorrectie overigens, daar het eigenlijk "in Frage" moet zijn.') *Urheber* ('Schepper, grondlegger, aanstichter. Mary Quant is de Urheber van de minirok.') *Zum Kotzen* ('Zeer trendy alternatief voor het platgetreden "om over je nek te gaan", zonder meteen in het al te klaterende "kotsen" te vervallen.')

Eraan vooraf ging de behandeling van het woord *Wichtigmacherei* en daarbij kwam de aap uit de mouw: 'Het overbodige gebruik van buitenlands (het woord "Wichtigmacherei" bijvoorbeeld, waarvoor wij het veel mooiere "dikdoenerij" hebben) is een vorm van Wichtigmacherei.' Jan Kuitenbrouwer heeft het kennelijk niet zo begrepen op leenwoorden, helemaal niet als ze van Duitse makelij zijn, blijkt uit zijn nawoord: 'Er zijn natuurlijk wel ergere dingen uit Duitsland ons land binnengekomen dan woorden, maar toch, het moeten er niet te veel worden.'

Dit is nou wat je met een Duitse leenuitdrukking inmiddels allang 'sneeuw van gisteren' noemt. De directeur van 'De Taalkliniek' schreef het in 1987. Twee jaar later viel de Berlijnse Muur, en vanaf dat moment nam het aantal Duitse leenwoorden in het Nederlands redelijk spectaculair toe.

De autoriteit inzake leenwoorden in het Nederlands is Nicoline van der Sijs, hoogleraar historische taalkunde in het Nederlands in de digitale wereld aan de Radboud Universiteit Nijmegen en onderzoeker bij het Meertens Instituut. Ze schreef onder meer het *Chronologisch Woordenboek* (2002) en het *Groot Leenwoordenboek* (2005). In laatstgenoemd boek vermeldt ze de resultaten van het meest recente onderzoek, dat van de Luikse hoogleraar neerlandistiek Siegfried Theissen, die met zijn studenten bekeek hoeveel Engelse, Franse en Duitse woorden in tijdschriften en dagbladen uit Nederland en Vlaanderen gebruikt werden, en dit vergeleek met het aantal leenwoorden uit deze talen dat was opgenomen in woordenboeken. Tussen 1956 en 1986 waren er 1638 Engelse woorden bij gekomen, 666 Franse en iets meer dan 300 Duitse. Uit aanvullend onderzoek in 1995 kwam naar voren dat het aantal Duitse woorden en wendingen in de achterliggende periode fors was toegenomen. De grootste stijging, namelijk 60 (!) procent, was te zien na de val van de Muur in 1989. Maar in vergelijking met het Frans en Engels in het Nederlands is het Duits nog altijd klein bier.

Nicoline van der Sijs: 'Taal loopt achter dominantie aan. Duitsland is de afgelopen tien, vijftien jaar dominanter geworden in veel opzichten, ook in cultuur. Het ligt voor de hand te denken dat dit ook in het Nederlands tot uiting komt, maar het is nog niet onderzocht.'

Het Frans heeft eeuwenlang de meeste invloed uitgeoefend op het Nederlands, gevolgd door het Latijn. Het Engels werd overheersend in de twintigste eeuw. De negentiende eeuw gaf de opkomst te zien van Duitsland en het Duits. Eerder had het Duits zich doen gelden op het vlak van muziek en religie, dankzij de middeleeuwse mystiek en daarna de kerkhervormers Luther, Zwingli en de wederdopers die in de eigen Duitse taal hun geloof beleden en verbreidden. Een directe uitwerking had Luthers vertaling van de Bijbel in de volkstaal, maar ook indirect drong het 'religieuze Duits' door in het Nederlands, via de Statenbijbel uit 1637, die in belangrijke mate de grondslag vormde voor het standaard-Nederlands van de zeventiende eeuw. De helft van de 22 medewerkers aan de Statenvertaling kwam uit de oostelijke provincies van de Republiek of uit Duitsland; woorden als Heiland en zondvloed zijn via Bijbelvertalingen in het Nederlands geïntroduceerd. Ook het krijgsbedrijf met zijn vele Duitstalige huursoldaten leverde nogal wat leenwoorden aan het Nederlands.

Gaandeweg de negentiende eeuw begon Duitsland leidend te worden in wetenschap (filosofie, psychologie, geneeskunde) en techniek. Dat vond zijn uitdrukking in de verspreiding van daarmee samenhangende Duitse woorden en begrippen en op zeker moment ook in het verzet daartegen. Nicoline van der Sijs: 'De aversie tegen een taal wordt altijd ingegeven door angst voor overmacht, politiek, cultureel, economisch. Men wil iets tegenhouden en probeert dat dan door middel van taal.' In de jaren dertig werd het Duits de kwaaie pier. Op scholen en door vooraanstaande taalkundigen, in het toen opgerichte Onze Taal bijvoorbeeld, werd het germanisme voorgesteld als het afschuwelijkste van de barbarismen. Het was een tijd dat de autoriteit nog groot gezag had, zodat tot ver na de Tweede Wereldoorlog de aversie tegen het Duits standhield, zij het dat die toen ook gevoed werd door de ervaringen tijdens de oorlog.

Professor Van der Sijs gebruikt termen als germanisme, anglicisme en dergelijke niet, laat staan een begrip als barbarisme. 'Ze zijn niet goed te definiëren. Formeel is iets een barbarisme als het in strijd is met het Nederlandse taaleigen. Wetenschapper bijvoorbeeld. Afleidingen op -er zijn ongewoon in het Nederlands, niet in het Duits. In het Nederlands combineren we -er met werkwoorden ('bakker') of plaatsnamen ('Amsterdammer'). We noemen 'wetenschapper' een germanisme omdat taalkundigen wéten en ons vertéllen dat het woord uit het Duits komt. Het verschil tussen Duits en Nederlands is vaak heel klein. Veel van oorsprong Duitse woorden zijn zo ingeburgerd dat we ze al lang niet meer als vreemd ervaren. Nou, dan is het gewoon Nederlands, lijkt me. En puristische strijd tegen zogenaamde vreemde woorden heeft helemaal geen zin, het effect is nul. Je hoeft er trouwens ook vaak niks tegen te ondernemen. Een groot aantal verdwijnt na verloop van tijd vanzelf. En wordt dan vervangen door andere leenwoorden.'

Een curieus voorbeeld in dezen is 'voetbalgebeuren'. Je hoort het Rinus Michels zeggen, de legendarische voetbaltrainer van het grote Ajax uit de jaren zeventig, van Barcelona en naderhand van het Nederlands elftal dat Europees Kampioen werd in 1988: 'Het is nau eenmaal so dat het voetbalgebeuren...' De vernederlandsing van het Duitse '*Geschehen*' zal hij niet bedacht hebben. Zeker Belcampo was hem voor met zijn novelle 'Het grote gebeuren' over de Dag des Oordeels in Rijssen, Overijssel, niet ver van de Duitse grens. Maar 'foetbalman' Michels, in 1999 door de wereldvoetbalbond FIFA uitgeroepen tot de beste coach van de twintigste eeuw, heeft er op zijn geheel eigen wijze mede voor gezorgd dat, na het voetbalgebeuren, alle mogelijke andere combinaties met '-gebeuren' salonfähig werden in het Nederlands. Het opmerkelijke is dat na zijn dood in 2005 ook het gebeuren aan het verdwijnen is.

25

Yaks van Frau Merkel

Met de ondertekening op 13 mei 2025 van het Verdrag van Aken door de Nederlandse koning Willem-Alexander en de Duitse president Claudia Wolfenbüttel zal een volgende stap worden gezet naar definitieve vereniging van Europa naar Duits model – te beginnen met Nederland. De plaats van ondertekening, de kroningszaal in het gotische stadhuis, is niet toevallig. Aken was in de oertijd van het politieke Europa, de vroege middeleeuwen van Karel de Grote, het invloedrijkste cultuur- en machtscentrum van dit deel van de wereld. In de middeleeuwen werden in de kroningszaal de feestmalen gehouden voor de zojuist in de aanpalende Mariakerk, de Dom van Karel de Grote, gekroonde keizer van het Heilige Roomse Rijk der Duitse natie. En vanaf 1950 wordt hier de Internationale Karelsprijs uitgereikt aan persoonlijkheden die zich op bijzondere wijze verdienstelijk hebben gemaakt voor de Europese eenheid. Angela Merkel kreeg hem in 2008, Bill Clinton in 2000, Beatrix van Oranje-Nassau in 1996, Václav Havel in 1991, Joseph Luns in 1967, Winston Churchill in 1955.

Evenmin toevallig is het dat Nederland zich als eerste in woord en daad voegt in een Duits Europa, door verklaarde tegenstanders ook wel *'das Vierte Reich'* genoemd. Zij spreken van een '*Anschluss*' bij Duitsland, weliswaar een Europees Duitsland, maar toch: een *Anschluss'*. Ze zijn echter niet met velen. Een grote meerderheid van zowel het parlement als de bevolking ziet de koninklijke ondertekening als de formele bekrachtiging van een onontkoombare en niet eens zo betreurde realiteit. Zoals premier Sharon Dijksma onlangs nog blogde: 'We blijven onszelf, Amalia wordt gewoon onze volgende koningin. Maar het is in ons nationale belang om op belangrijke terreinen zo nauw mogelijk met Duitsland op te trekken en daarvoor instituties in te richten.' De verloving van kroonprinses Amalia met een Duitse prins – sowieso een Oranje-traditie om een gemaal of gemalin onder de nazaten van oude Duitse adellijke families te zoeken – valt te beschouwen als een soort voorschot op het inrichten van zo'n institutie.

De belangrijkste onder de vele hoge gasten in Aken zal Angela Merkel zijn, de secretaris-generaal van de Verenigde Naties. Op wonderbaarlijke wijze immers lukte het haar in de tijd dat ze bondskanselier van Duitsland was, de vele crises in Europa op zodanige wijze te keren en te wenden dat na elke crisis 'Brussel' weer meer bevoegdheden kreeg. 'Een Europese oplossing – '*Wir brauchen mehr Europa*' – het lag haar in de mond bestorven. Op de schitterende tentoonstelling die ter gelegenheid van de ondertekening van het Verdrag van Aken in de Dom, het Centre Charlemagne en het historische stadhuis is ingericht, zijn naast Karolingische werken van kunst, evangelieboeken en het met edelstenen bezette borstbeeld van Karel de Grote ook enkele van Angela Merkels yaks geëxposeerd, een rode, lichtgroene en de goudkleurige waarin ze een van de openingsavonden van de Richard-Wagner-Festspiele in

Bayreuth bezocht. De colbertjes waren al net zo'n beeldmerk van Merkel als de manier waarop ze haar vingers tot een ruit vouwde. En natuurlijk ligt er een stapel van het Amerikaanse tijdschrift *Time*, dat haar in 2015 tot Persoon van het Jaar koos, kanselier van de vrije wereld.

Het Verdrag van Aken is de bezegeling van een even grote en een even drastische *Wende* als die van 1989 na de val van de Berlijnse Muur. Toen schoof (West-)Duitsland op naar het oosten. Vanaf het begin van de eenentwintigste eeuw ging ook Nederland politiek, cultureel en economisch oostwaarts. En net als toen verwonderen zowel voorstanders alsook de meest fanate tegenstanders zich over de snelheid waarmee een en ander zijn beslag kreeg en nationaal het besef doordrong dat Nederland een continentaal Europees land is en niet, in elk geval veel minder dan lang gedacht, een Atlantische en op de Angelsaksische cultuur georiënteerde natie. En continentaal Europees wil zeggen: Duits.

De drie exposities rond en in de Dom van Karel de Grote, het enige stukje Aken dat niet door Engelse bommenwerkers geraakt is in de Tweede Wereldoorlog, belichten naast het Karolingische verleden en dat van de Duitse keizerrijken ook de naoorlogse geschiedenis van Duitsland. Onder andere met een portrettengalerij van de opeenvolgende bondskanseliers. Daarin komt Konrad Adenauer naar voren als de man in wiens periode (West-)Duitsland er economisch weer bovenop kwam en zich met het Westen verbond. Willy Brandt was de bondskanselier die verbinding zocht met Moskou en knielde in Warschau, en Helmut Schmidt de stuurman die Duitsland uit het politiek extremistische vaarwater van de *Rote Armee Fraktion* en haar tegenkrachten loodste. Europeaan Helmut Kohl bouwde de Europese Unie op, bezegelde de eeuwige vrede met erfvijand Frankrijk en ging de geschiedenis in als de kanselier van de Duitse eenwording. Gerhard Schröder zorgde met zijn 'Agenda 2010' voor nieuw sociaaleconomisch elan, wat resulteerde in een tweede *Wirtschaftswunder*.

En Angela Merkel, de eerste *Bundeskanzler* die vrouw was, een domineesdochter uit de voormalige DDR, die Russisch sprak, behoedzaam opereerde en bedachtzaam was in alles? Men zei van haar dat ze geen leiding gaf, maar 'een resultaat bij elkaar modereerde'. Maar op enig moment verordonneerde ze en herhaalde ze het: '*Wir schaffen das.*' Het was in verband met de vluchtelingencrisis als gevolg van de Grote Syrië-en-Irak-Oorlog dat ze dat zei, maar het gold ook de Duitse inzet voor het project-Europa.

De driehoek Aken-Maastricht-Luik valt te beschouwen als het wezenlijke kerngebied van een Verenigd Europa, vinden de Duitsers. Volgens professor Ad Knotter, historicus aan de Maastricht University, is die claim 'ahistorisch en misbruik van de geschiedenis'. Van hieruit is het Karolingische Rijk opgebouwd; Pepijn de Korte kwam van Herstal bij Luik, Karel de Grote had in Aken zijn hoofdkwartier. Daarvoor al was deze driehoek met zijn vruchtbare grond voor de Romeinse bezetters een economisch kerngebied geweest. Handel, verkeer, vroege stadsvorming waren het gevolg. Bij het Verdrag van Meerssen, dat eigenlijk een in Eijsden gesloten verdrag was, werd het Karolingische Rijk in vieren opgedeeld, waaronder het Heilige Roomse Rijk der Duitse Natie, dat het zwaarst zijn stempel zou drukken op de Europese geschiedenis. Knotter: 'Je kunt dus wel zeggen dat de vroege Europese geschiedenis hier haar oorsprong vindt. Maar het is een ideologisch gevoede mythe en miskenning van de geschiedenis te zeggen dat Karel de Grote grondlegger was van een Verenigd Europa. In 1870 en daarna werd Aken ingezet om het Tweede Duitse Keizerrijk te presenteren als voortzetting van het Karolingische Rijk. De nazi's met hún verenigd Europa idem dito. En het naoorlogse Duitsland doet het opnieuw met de jaarlijkse uitreiking in Aken van de Karelsprijs aan personen die van betekenis zijn geweest voor de Europese eenheid.'

Heel wel denkbaar is het dat de prijs volgend jaar wordt toebedeeld aan iets of iemand uit de context van de plechtigheid op 13 mei aanstaande. Het Verdrag sowieso, mijlpaal als het is in het proces naar eenwording. Maar ook in de marge van de ondertekening van het Verdrag zouden zich kandidaten kunnen ophouden. Op dezelfde dag vindt de installatie plaats van enkele Duits-Nederlandse commissies die de mogelijkheden van een verdere integratie gaan onderzoeken. Een van de belangrijkste is de commissie 'Vervlechting staats- en maatschappelijke instituties'. Het instituut krijgsmacht is ondergebracht bij een subcommissie die gaat bekijken welke onderdelen van de *Bundeswehr* en de Koninklijke Landmacht nog meer in aanmerking komen voor fusie, na de formering van de gezamenlijke *Division Schnelle Kräfte* en de samensmelting van de 43 Pantserinfanteriebrigade uit Havelte met een Duitse mechanische brigade uit Paderborn.

Een andere gezamenlijke commissie moet nagaan of, en zo ja hoe het zogeheten Rijnlandse model van betekenis kan zijn voor Europa, te beginnen voor Nederland. Het Rijnlandse model, met zijn minder ongelijkwaardige verhouding tussen de factor arbeid en de factor kapitaal, genoot al heel lang aandacht vanuit Nederland, zij het bij vlagen. Van vakbeweging en sociaaldemocratie, die er een soort Derde Weg tussen (Angelsaksisch) aandeelhouderskapitalisme en socialisme in zagen en nog wel zien. Medezeggenschap, positie ondernemingsraad, verhouding overheid en sociale partners, poldermodel, tariefautonomie: er zijn veel systeemovereenkomsten tussen Duitsland en Nederland, maar ook aanmerkelijke verschillen.

Een interessante noviteit op de expositie in het Centre Charlemagne is de pilot van een veeljarig project dat concrete gebeurtenissen uit een ver of nabij verleden aan elkaar wil spiegelen en ontleden. Als eerste zijn dat de proclamaties van het kalifaat Islamitische Staat in Irak en Syrië (2014) en van Gods Koninkrijk in Münster (1534). De parallellie is frappant: religieus fanatisme, eindtijdverwachting, uitverkorenheid, veelwijverij, rücksichtslose executies en wreedheden. De afkondiging van Münster tot het Nieuwe Jeruzalem en plaats van het Laatste Oordeel was het werk van, vooral Nederlandse, wederdopers. De kooi waarin na de ondergang het toegetakelde lijk van hun koning Jan van Leiden nog weken aan de kerktoren hing, is voor deze gelegenheid van Münster naar Aken gebracht. Münster was ook de stad waar in het kader van een half Europa omvattende vredesregeling Spanje en Nederland een einde maakten aan de Tachtigjarige Oorlog (1648). Een van de volgende thema's in het Centre Charlemagne zal dan ook het sluiten van vrede zijn, voorwaar een Europees project.

26

Zimmer frei bij een Jood in Zandvoort

Zandvoort aan Zee is legendarisch lelijk. Zo lelijk dat een zeer beschaafde heer, professor Nederlandse literatuur en getrouwd met een Zandvoortse vrouw, in diepe wanhoop op het Badhuisplein riep: 'Waarom is het hier godverdomme zo lelijk?'

De lelijkheid is om te beginnen op het conto te schrijven van de Duitsers in de oorlog, en deels ook op dat van het eigen gemeentebestuur van na de oorlog. Zodat Zandvoort aan Zee er in alle opzichten uitziet als een Duitse naoorlogse stad. En dat mag je ironisch noemen, in de wetenschap dat Zandvoort zijn ontstaan en faam als badplaats van de Europese adellijke jet set vooral te danken heeft aan Duitse Joden. Zelfs keizerin Sissi van Oostenrijk kon de verleiding van Badeort Zandvoort niet weerstaan. *'Gott geb, auf Wiedersehen,'* liet ze noteren na haar vertrek in 1885.

Dit is het wonderbaarlijke verhaal over de verknooptheid van Mokum aan Zee, een van oorsprong Joodse Noordzeebadplaats, met Duitsers en de Duitse badgast.

Hoe fraai en chic eind-negentiende-eeuws Zandvoort aan Zee zich tot 1942 aan de wereld presenteerde, is te zien aan de maquette van de 'nagebouwde' boulevard in het Zandvoorts Museum en op de website Zandvoortvroeger.nl. Twee Duits-Joodse bankiersfamilies waren daar verantwoordelijk voor. De gebroeders Gustav, Julius en Moritz Eltzbacher uit Keulen, met ook een bankhuis in Amsterdam, en de gebroeders Rudolf en Siegmund Sulzbach uit Frankfurt am Main. Zij initieerden en financierden het doortrekken van de spoorlijn Amsterdam-Haarlem naar Zandvoort en stampten als projectontwikkelaars avantlalettre tussen het station en de zee uit de duingrond een badplaats voor de Europese beau monde. Met een Kurhaus, een casino en grote hotels in art-decostijl. Zandvoort aan Zee moest op z'n minst Scheveningen evenaren, liefst overtreffen.

Een ook al uit Duitse ouders geboren arts (en masseur met 'gouden duimen') zorgde ervoor dat de nieuwe badplaats daadwerkelijk klanten uit de hoogste kringen kreeg. Dat was de al eerder (in hoofdstuk 6 over Paradies Zeeland) genoemde Johann Georg Mezger. Vanuit het Amsterdamse Amstel Hotel, waar hij een tijd lang woonde en zijn praktijk had, stuurde hij zijn patiënten voor een genezend zeebad en gezonde zeelucht naar Zandvoort. Onder hen keizerin Sissi, Lionel Walter baron Rothschild, koningin Elisabeth zu Wied van Roemenië, prins Gustaaf van Zweden.

In de gang van het Zandvoorts Museum is op uitvergrote foto's te zien hoe ook de familie Frank een stranddag vierde in Zandvoort. Met Anne, Margot, hun moeder Edith en mevrouw Schneider, een vriendin uit Frankfurt am Main, ook de herkomst van de familie Frank. Het is 1934 en Zandvoort aan Zee was al lang niet meer de exclusieve badplaats voor de high society. Het spoor en de tram hadden het Noordzeestrand bereikbaar gemaakt voor minder vermogenden uit Amsterdam. Al gauw ook uit Noordrijn-Westfalen. Dat laatste was mede te danken aan de gemeentelijke geneesheer en badarts G.A. Gerke. Hij hielp mee de Vereniging voor Vreemdelingenverkeer op te richten en stuurde brieven in het Duits naar relaties en organisaties waarin hij Zandvoort aanprees als een weldadig en *deutschfreundlich* kuuroord. Veel Duitse *Mädel* vonden er als hulp in de huishouding werk in hotels en pensions, een aantal van hen sloeg vrijenderwijs een Zandvoortse jongen aan de huwelijkse haak.

Overigens was het aantal Duitse badgasten in de loop van de jaren dertig drastisch verminderd, een gevolg van allerlei restricties die het nieuwe regime van Adolf Hitler aan buitenlandse reizen en *Urlaube* had opgelegd. Beperkingen met name inzake de in het buitenland te besteden geldsom. En vanaf 1936 kregen Duitsers tussen 18 en 45 jaar geen paspoort meer zonder militaire toestemming.

In 1908 waren van de 8180 badgasten 1860 van Duitse afkomst; 3715 waren Amsterdams, 2167 overig Nederlands, 9 West-Indisch, 7 Oost-Indisch. Een jaar na het uitbreken van de Eerste Wereldoorlog kwamen van de 11.597 Zandvoortse badgasten toch nog 122 uit Duitsland; 6829 uit Amsterdam en 4169 uit overig Nederland. In 1925 waren de verhoudingen nog niet helemaal als van voor de oorlog, maar toch: op een totaal van 15.410 badgasten waren 1650 uit Duitsland komen *anreisen*, 9552 uit Amsterdam en 3660 uit overig Nederland. Tien jaar later stelde het jaarverslag van de Hotel- en Pensionhoudersvereniging misnoegd vast: 'Een Duitse gast, een die betaalt in hotel of pension, is de laatste jaren een zeldzaamheid op het baddorp.' Wie wel kwam in die tijd, zelfs een zeer trouwe bezoeker genoemd kon worden, was de Duitse keizer. De in 1918 naar Nederland gevluchte Wilhelm II logeerde dan meestal bij zijn puissant rijke vriend Eduard baron von der Heydt, die in Zandvoort veel onroerend goed bezat, waaronder een fraaie villa voor zichzelf; de baron was van Hitlers NSDAP.

Intussen was Zandvoort uitgegroeid tot een zelfstandige Joodse gemeente met een eigen synagoge. Behalve uit Amsterdam vestigden ook vrij veel Joden die uit nazi-Duitsland waren gevlucht zich in Zandvoort en stichtten er bedrijven. Grand Hotel van de familie Wüst. Hotel von Kaufmann. Het hotel van Gompertz-De Beer Kerkstraat 8, dat vaak fungeerde als plaats van samenkomst voor allerlei Joodse initiatieven. Daar hield men het feestdiner ter gelegenheid van de opening van de synagoge en daar werd besloten tot de oprichting van een Joodse school en daar organiseerde men feesten om geld in te zamelen voor gevluchte Joden uit Duitsland. Al gauw kreeg het noordelijke deel van Zandvoort, de eigenlijke badplaats, de bijnaam Mokum aan Zee.

Kort nadat ook Nederland betrokken was geraakt bij de Tweede Wereldoorlog bliezen op 4 augustus 1940 onbekenden de Joodse synagoge op. 13 maart 1942 werden de 153 Joodse gezinnen in Zandvoort (550 personen) vanaf het station afgevoerd naar Amsterdam, en vandaar via Westerbork naar de vernietigingskampen in Oost-Europa. Zandvoort werd 'Jodenvrij' verklaard, als vijfde gemeente in ons land. Bij de verkiezingen in 1935 had 23 procent van de stemgerechtigden NSB gestemd (landelijk 8 procent); op Winterswijk na was Zandvoort de gemeente met de meeste NSB-stemmers.

Al eind negentiende eeuw deed een antisemitisch schimpgedichtje over Zandvoort de ronde: 'Wij hebben hier, o grote goden,/ een rijk aquarium vol Joden./ De zee die vroeger helder was,/ is thans één grote modderplas.'

Op 6 november 1942 gelastte de Duitse bezetter de ontruiming van Zandvoort. 650 gebouwen werden gesloopt – waaronder 75 villa's, 20 hotels en 16 pensions. Van de ruim negenduizend inwoners werden er achtduizend geëvacueerd. De *ausradierte*, tweehonderd meter brede kuststrook kwam vol te staan met bunkers, kazematten, geschutstellingen. Zandvoort aan Zee was onderdeel van de *Atlantikwall*, die de geallieerde vijand van overzee moest tegenhouden.

Al in 1948, drie jaar na het einde van de Tweede Wereldoorlog, werd geconstateerd dat er weer sprake was van substantieel Duitse belangstelling voor *Badeort* Zandvoort. En verschenen ook al gauw de oude en nieuwe bordjes met '*Zimmer frei*' in de voortuintjes en aan de gevels van de huizen. Binnen enkele jaren bedroeg het aandeel Duitsers in het totaal van de badgasten 80 procent, wat tot heden zo gebleven is. In een historisch overzicht in het *Zandvoorts Nieuwsblad* constateerde ene scribent Steen vergenoegd: 'Als er één land is waar het nieuwe leven bloeide op de ruïnes (van twee wereldoorlogen), dan is het Duitsland, dat zich wederom een goede en waardige plaats onder de zon wist te verwerven. Waar een hoge graad van economische opbloei en welvaart werd verworven door de noeste arbeid van een geheel volk. Een volk, dat in de Europese geschiedenis altijd al een grote rol heeft gespeeld en zal blijven doen.' En iets verderop: 'Met de Duitsers staat of valt Zandvoort als badplaats. Een volk dat niet alleen hard kan werken, maar ook weet van vakantievreugde *"und frissche Luft"* wordt hier met open armen ontvangen.' (Scribent Steen betoonde zich in de oorlogsjaren ook al een vriend van de nazi-Duitsers.)

Veel van deze wetenswaardigheden zijn me verteld in het Zandvoorts Museum door Michiel Drommel, Freek Veldwisch en Folkert Bloeme. De eerste twee zijn als vrijwilliger in de weer voor het museum en vinden nog net niet Zandvoort de mooiste plek op aarde, maar ze noemen zich wel 'getrouwd' met Zandvoort. Veldwisch was huisschilder van beroep en hij vertelt dat hij het pand van Kees Fens in Amsterdam nog geschilderd heeft. Kees Fens was de hoogleraar die aan het begin van dit 'Zimmer frei'-verhaal zich op het Badhuisplein luidkeels afvroeg waarom het 'godverdomme in Zandvoort toch zo lelijk' was. Toen zijn Zandvoortse vrouw, die zoveel van Zandvoort hield dat ze er nooit weg wilde, overleden was, kocht hij een pand aan de Amsterdamse Keizersgracht. Veldwisch schilderde het en wat hem opviel, was dat het pand een prachtige authentieke gevel en hal had. Schoonheid die Kees Fens, erkend liefhebber van eeuwige schoonheid in literatuur, bouwkunst, muziek en religie, zo gemist had in Zandvoort. Kees Veldwisch: 'Maar de ruimte achter die façade was een heel gewone moderne woning.'

Schone schijn is door de oorlogsverwoestingen bijna geheel weggevaagd uit Zandvoort aan Zee. Wat je op en vlak achter de boulevard ziet, is ook precies wat het is. Beton, flatgebouwen tot bijna op het strand, crisisarchitectuur die je ook in steden in de voormalige DDR aantreft. En in door geallieerde bommenwerpers verwoeste West-Duitse steden die kort na de oorlog in hoog tempo en met de toen voorhanden middelen weer zijn opgebouwd – inderdaad door 'de noeste arbeid van een geheel volk' – en die er zoals Aken tot vandaag zo zijn blijven uitzien. Het zou heel goed kunnen dat mede daarom zoveel tegenwoordige Duitsers graag naar Badeort Zandvoort komen: Zandvoort oogt ook in stedenbouwkundig opzicht als de naoorlogse Duitse stad waarin zij zijn opgegroeid.

Op weg naar de afspraak met Folkert Bloeme, gemeenteambtenaar en de amateur-historicus van Zandvoort, op het terras van restaurant-hotel Grand Hotel XL aan de Kerkstraat, het voormalige 'Joodse hotel' Gompertz-De Beer, koop ik uit een rek met Duitse kranten weekblad *Die Zeit*. De Griekenland-crisis is op een hoogtepunt. Het weekblad presenteert een coverstory onder de kop 'Das Ansehen der Deutschen'. Die aanblik is een januskop: *'Beliebt als Urlauber, verhasst als Zuchtmeister'*. De opgevoerde, populaire, vakantieganger is een in de kleuren van de Duitse vlag gehuld vrouwenlichaam in bikini. De andere, de ongeliefde kant van het Duitse aanzien in de wereld, die van de strenge leermeester, wordt geïllustreerd door de kenmerkende driehoek van de handen van Frau Merkel.

In Rennis Snackhouse zegt een dame: *'Hello, one* cheeseburger *please.'* Het meisje achter de balie heeft de dame in één oogopslag gedetermineerd en vraagt: *'Das war es?' 'Ja danke,'* zegt de dame.

Duitsers die zich in eerste instantie in het Engels aanmelden, het is restaurant- en hotelhouder Mike Aardewerk ook opgevallen de laatste jaren. Zijn hotel met een grote serre, rieten stoelen en veranda's is een van de weinige panden in Zandvoorts centrum waaraan je de glorieuze vooroorlogse tijd van de badplaats nog een beetje kunt afzien. Vol lof is hij over zijn Duitse gasten. Beleefd, netjes, trouw. Bij langdurig slecht weer zullen ze niet, zoals soms Nederlanders, met de smoes van moeders overlijden voortijdig hun spullen pakken en vertrekken. En bij zomerse voetbal-EK's en -WK's springen ze wel op en roepen ze *'Tor!'* als de Duitsers scoren, maar daarna gaan ze direct weer zitten. Hij houdt dan zijn zaak neutraal en hult die niet in oranje en zet het grootbeeldscherm van de tv op een Duitse zender als Duitsland speelt.

Van zijn familie zijn er in de oorlogsjaren 98 vergast of op andere wijze door Duitsers vermoord. Zijn vader zat vierenhalf jaar ondergedoken en overleefde de nazitijd. Zijn niet-Joodse moeder was van christelijken huize en ondervond geen bijzondere moeilijkheden. Mike, eigenlijk Michael, werd nog net geboren in Den Haag, in 1959. Hij woonde tot zijn vierde in Amsterdam en verhuisde daarna naar Zandvoort. Zijn vader, na de oorlog actief in het stomerijwezen, zag in de terugkeer van Duitsers naar Badeort Zandvoort aantrekkelijke mogelijkheden voor handel en begon een pensionnetje aan de Hogeweg. 'Een echte Jood,' noemt Mike zijn vader.

Zelf runde hij discotheek Chin-Chin aan het strand en volgde in 2010 zijn vader op in Hotel XL aan de Kerkstraat. Dat was in 1970 gekocht door zijn vader, die daarna een 'lijntje' opzette om Duitse gasten te werven: een busdienst die het Ruhrgebied verbond met Zandvoort. En die bijvoorbeeld astmapatiënten voor 'een frisse neus' naar het Noordzeestrand bracht. Of Duitsers die in het voorjaar de Keukenhof wilden zien. Of Duitse vrouwen met hun familieleden die naar de abortuskliniek in Heemstede moesten. Het 'lijntje' bracht veel van die gasten ook in zijn hotel.

'Ik heb altijd respect voor mijn vader gehad,' zegt Mike. 'Dat hij als Joodse man met zoveel omgekomenen in zijn familie zich zo heeft kunnen opstellen tegenover de Duitsers. Ik vond dat van jongs af top.'